Wolfgang Gründinger
Wir Zukunftssucher

W0064104

Wolfgang Gründinger

Wir Zukunftssucher

Wie Deutschland
enkeltauglich wird

Bibliografische Information der Deutschen Nationalbibliothek

Die Deutsche Nationalbibliothek verzeichnet diese
Publikation in der Deutschen Nationalbibliografie;
detaillierte bibliografische Daten sind im Internet unter
http://dnb.d-nb.de abrufbar.

© edition Körber-Stiftung, Hamburg 2012

Umschlag: Groothuis, Lohfert, Consorten | glcons.de
Coverfoto: iStockphoto.com
Herstellung: Das Herstellungsbüro, Hamburg |
buch-herstellungsbuero.de
Druck und Bindung: CPI – Clausen & Bosse, Leck
Printed in Germany

ISBN 978-3-89684-092-9

www.edition-koerber-stiftung.de

»*Wir brauchen die Herausforderungen
der jungen Generation.
Sonst würden uns die Füße einschlafen.*«
Willy Brandt

Inhalt

Halleluja, Berlin*

Zwischen Provinz und Szenekiez –
eine persönliche Demografie-Story

Der 17-jährigen Carina ist es langweilig in ihrem Dorf. Keine coolen Partys, kein Shopping, keine interessanten Männer. Sobald sie kann, will sie raus aus diesem 9000-Seelen-Kaff. Die Jungen ziehen weg, die Alten bleiben. Überalterung im Schnelldurchlauf. Wer die Lokalzeitung aufschlägt, gewinnt den Eindruck, in jenem ostbayerischen Landkreis gebe es neben dem demografischen Wandel oder den Angelegenheiten der Senioren nichts weiter zu besprechen. Die Jugend und die jungen Familien werden untergebuttert, als existierten sie schlicht nicht.

Diese Demografie-Story spielt in meiner Heimatstadt Tirschenreuth. Hier bin ich auf den ersten Baum geklettert, hier trank ich das erste Bier, und hier fand ich meine erste große Liebe. Mein Bruder Martin lebt noch in der Oberpfalz.

---

* Rainald Grebe, Brandenburg (2005)

Nie würde er in die Großstadt ziehen: Bei einem Preis von 3,50 Euro pro Weißbier (nebst dem kulturellen Frevel, Weißbier in der homöopathischen Dosis von 0,3-Liter-Gläsern auszuschenken) wird einem Bierliebhaber vom bayerischen Land schwarz vor Augen.

Tirschenreuth hat zwar keine urbane Szene, aber Heimat lässt sich eben nicht kopieren, sie lässt sich nirgendwo anders finden. Nur hier gibt es die weltweit einzigartigen Zoigl-Bierstuben. Hier gibt es noch viele kleine Betriebe, die von Familien seit Jahrzehnten mit Herzblut geführt werden, und nicht nur die 08/15-Ketten, die jede Metropole gleich aussehen lassen. Man braucht nicht erst eine Stunde mit der U-Bahn zu fahren (und sich über ausfallende U-Bahnen zu ärgern), um von A nach B zu kommen. Und man ist in zehn Minuten draußen in der Natur (und ich meine echte Natur und nicht irgendeinen Park). Manch abgewanderter Tirschenreuther würde zurückkehren, könnte er nur seinen Job mitnehmen.

Über eine Stadtplanung für eine schrumpfende und alternde Bevölkerung nachzudenken ist sicherlich nicht verkehrt. Nachdem aber selbst das bayerische Fernsehen Tirschenreuth als das langweiligste Kaff der Welt inszenierte, als Einöde ohne Chancen und ohne Zukunft, nahmen die Jugendlichen die Sache selbst in die Hand. Binnen eines Tages taten sich auf Facebook 400 junge Leute zusammen, um das ramponierte Image wieder glattzubügeln. Ihr Credo: Nur weil ein paar Teenager jammern, dass es keinen H&M und keinen McDonald's gibt, ist das Landleben längst nicht die schlechteste aller Welten.

In manch ostdeutschen Gemeinden ist handfeste Realität, was die Zeitungen in Tirschenreuth heraufbeschwören. Einmal besuchte ich mit meiner damaligen Freundin Amanda ihre Heimat Cottbus. Das Haus, in dem sie aufwuchs, stand nicht mehr. Ganze Straßenzüge sind verschwunden. Seit der Wende hat die Stadt jeden fünften Einwohner verloren. Jedes Jahr gibt es Hunderte mehr Todesfälle als Geburten. Schulen und Krankenhäuser werden zusammengelegt, Freibäder, Kinos und Theater müssen ihre Pforten schließen, die überdimensionierte Kanalisation muss aufwändig verkleinert werden. Weniger ist nicht immer mehr.

Viele Ostdeutsche stecken in einer Identitätskrise. Sie haben nicht nur einen wirtschaftlichen »Strukturwandel« hinter sich, sondern ihr ganzes politisches System ist verschwunden – und ihre Heimat wird buchstäblich abgerissen. Statt den versprochenen »Aufbau Ost« erleben sie den »Abbau Ost«. Als einige Studierende das Netzwerk »Dritte Generation Ost« aus der Taufe hoben, um sich über ihre Erfahrungen mit der Wende auszutauschen, stießen sie auf überwältigende Resonanz.

Die Jungen, vor allem die qualifizierten unter ihnen, wandern vom Land ab, weil sie keine Arbeit finden und das urbane Lebensgefühl suchen. Die Alten und schlecht Ausgebildeten bleiben. Der Kabarettist Rainald Grebe dichtet in seiner berühmten Brandenburg-Hymne mit einem gehörigen Schuss Zynismus: »Ich fühl mich heut so leer, ich fühl mich Brandenburg!« Und bejubelt das Ziel der Abwanderer: »Halleluja, Berlin!«

Vor vier Jahren trieb es mich von meiner Uni-Stadt Regensburg nach Berlin, wo ich diverse WGs in vier Bezirken teilte. Häufige Wohnungswechsel sind Volkssport in Berlin. Momentan hat es mich in den Prenzlauer Berg verschlagen, dieses mediengehypte Szeneviertel. Seit ich hier wohne, ist mir klar, wie viel Wahrheit in den Stereotypen steckt, die sich um diesen Bezirk ranken – und warum es so vielen Leuten Spaß macht, über diesen Bezirk zu lästern. Es genügt, an einem typischen Mittwochnachmittag in einem Café zu sitzen, so wie ich heute in der Winsstraße. Um mich herum tummeln sich junge Mütter mit ihrem Sprössling und unterhalten sich über die Berlinale. Das Kind fragt nach Cheesecake statt nach Käsekuchen. Die zweite dominante Gruppe stellen Menschen mit MacBooks, die – wie ich selbst – das Café als Arbeitsort gewählt haben, weil es hier WLAN gibt und espressohaltige Milchschaumgetränke und einem zu Hause die Decke auf den Kopf fällt. Diese digitale Boheme ist bevorzugt in Berlin-Mitte anzutreffen, doch auch der Prenzlauer Berg bietet das passende Biotop.

Der Prenzlauer Berg ist vermutlich der soziokulturell homogenste Bezirk der Hauptstadt: weiße Akademiker um die 30, meist mit einem Kind, freiberuflich oder in gehobener Position in der Kreativwirtschaft. Wer hier lebt, versteht sich als Avantgarde einer schöneren Republik: modern, multikulturell, weltoffen, politisch aufgeklärt und umweltbewusst. Bei der Bundestagswahl holten die Grünen jede vierte Stimme. Als »Bionade-Biedermeier« bezeichnete die *Zeit* diese eigenartige Verschmelzung aus bürgerlicher Kleinfamilie und öko-linksliberalem Lebensgefühl. »Schwarz-grün wird die Republik, hier ist sie es schon«, dichtet Rainald Grebe.

Der größte Mythos aber ist die Legende des Geburtenwunders. Der angebliche »Babyboom vom Kollwitzplatz« ist jedoch rasch durch einen Blick in die Statistik widerlegt. In Neukölln und selbst im kleinbürgerlichen Stadtteil Plänterwald kommen mehr Kinder zur Welt als im demografischen Vorzeigekiez. Zwar ist die Geburtenrate gestiegen, aber das lag nur daran, dass so viele junge Frauen zugezogen sind. Das Geburtenwunder ist bei näherer Betrachtung recht unspektakulär.

Sehr speziell sind dagegen die Eltern. Kinder werden hier offensichtlich nicht einfach gezeugt und geboren. Das Kind ist nicht nur ein Kind, sondern dient als Projektionsfläche der Selbstverwirklichung und Statussymbol zugleich. Die Erziehung wird zum Wettbewerb, welches Kind das coolste, beste, tollste ist. Die ungeteilte mediale Aufmerksamkeit ist den Eltern im szenigen Trendkiez gewiss: Sie sind gebildet, kreativ und selbstbewusst. Mit Yoga-Kursen für Schwangere, Kindercafés und Kita-Plätzen ist der Prenzlauer Berg bestens versorgt: Das Kapital ist da.

Für die Kinder in Neukölln, Marzahn und Wedding, sogenannten Problemvierteln, interessiert sich keiner, es sei denn, sie sorgen für Negativschlagzeilen. Dort haben die Menschen zwei oder mehr Kinder, verfügen aber weder über die Zeit noch über das entsprechende Portemonnaie, um ihren Kindern mithilfe von Bionahrung, Privatkindergärten und Englischkursen für Vierjährige den statusbewussten Vorsprung zu verschaffen. Sie sind normale Eltern mit normalen Sorgen. Aber sie unterhalten sich eben nicht im Café beim »Latte« über das aktuelle Kulturprojekt und die Erziehungsstrategie für ihr hochbegabtes Wunderkind Noah.

Kurz nach der Wende sah der Prenzlauer Berg noch anders aus. Wohnungen waren en masse vorhanden, nicht saniert und spottbillig. Studenten und brotlose Künstler zogen her, worauf sich alternative Kneipen und Cafés ansiedelten und eine Musik-, Kultur- und Kreativenszene entstand. Schicke kleine Designerläden und Galerien, Cafés und Bars und ein junges, kreatives Publikum kreierten ein dynamisches, farbenfrohes Flair und ein reges Straßenleben, welches den Bezirk zu jener angesagten Gegend machte. Mehr Leute mit mehr Geld zogen zu, die Mietpreise stiegen – bis sich schließlich die alteingesessenen Bewohner samt den Kreativen und Studenten, die das Viertel so populär gemacht hatten, das Wohnen und Leben im neuen Szenekiez nicht mehr leisten konnten: Verdrängung durch Wohlstand. Die Sanierung der historischen Bausubstanz hat, obwohl mit öffentlichen Geldern subventioniert, die Mietpreise dermaßen anschwellen lassen, dass viele wegziehen mussten oder irgendwann freiwillig auszogen.

Verloren gehen auch die subkulturellen Freiräume. Weil sich die neuen Nachbarn von den lärmenden Jugendlichen belästigt fühlen, muss ein Club nach dem anderen dichtmachen. Aktuell bangt der Dunckerclub um seine Existenz, weil in der Nachbarschaft ein neuer Komplex mit Eigentumswohnungen entsteht und Lärmschutzklagen nicht lange auf sich warten lassen. »Erst wenn die letzte Eigentumswohnung gebaut, der letzte Klub abgerissen, der letzte Freiraum zerstört ist, werdet ihr feststellen, dass der Prenzlauer Berg die Kleinstadt geworden ist, aus der ihr mal geflohen seid«, spottet ein Transparent vor dem »Klub der Republik«, der vor dem Abriss steht. Das Clubsterben ist Ausdruck einer verschwindenden Jugendkultur.

Was Stadtsoziologen als »Gentrifizierung« bezeichnen, erfolgt in dieser immer gleichen Sequenz, in Prenzlauer Berg und Friedrichshain, im Münchener Glockenbachviertel, in der Schanze in Hamburg oder in Hannover-Linden. Berlin ist das wohl anschaulichste Beispiel für den Stadtumbau von oben. Der soziologische Fachterminus »Gentrifizierung« hat sich hier längst im Alltagswortschatz etabliert und ist zum politischen Kampfbegriff geworden – voller Ressentiments gegenüber einem diffusen Feindbild, der spießbürgerlichen Kleinfamilie, und genährt von einer provinziellen Angst vor Veränderung.

Dabei ist Gentrifizierung nicht per se schädlich und die populäre Kritik nicht immer akkurat und legitim. Wenn ein Viertel durch alternatives Publikum, durch neue Cafés und kleine Läden bereichert wird, wenn alte Gebäude saniert werden, ist das kein kapitalistisches Teufelszeug. Schlimmer als diese Stadtentwicklung ist sozusagen nur, wenn sie ausbleibt. Schließlich kann es nicht darum gehen, das Stadtbild in seinem Status quo zu konservieren und auf ewig fortzuschreiben. Aber der elitäre Stadtumbau ist nicht nur eine Bedrohung subkultureller Freiräume und ein Verlust öffentlichen Raums – wie bei der Privatisierung des Spreeufers –, sondern kann sich zu einem handfesten sozialen Problem steigern: Es entwickelt sich eine Spaltung in wohlhabende, sanierte Altbauviertel im Stadtkern und billigen, verarmten

Zonen in den Randlagen, wo sich soziale Probleme verdichten. Für Kinder und Jugendliche ist diese Abdrängung in sozial entmischte Armutsviertel katastrophal.

Die heikle Paradoxie liegt darin, dass die Verursacher der Gentrifizierung zugleich unter ihren Folgen leiden. Die kleine Wohnung, in der ich mit meiner Mitbewohnerin lebe, soll mit Aufzug und Balkon luxussaniert werden. Der Eigentümer hat eine Mieterhöhung von knapp 200 Euro angekündigt. Zugleich ist der Mietvertrag auf drei Jahre befristet. Danach wird die Wohnung verkauft – gewiss nicht an uns, mangels finanzieller Potenz. Wir werden uns eine andere Bleibe suchen müssen. So ist der Markt. Nicht immer geht es mit rechten Dingen zu, doch nur wenige haben die Nerven, sich auf einen Rechtsstreit einzulassen. Ich fürchte, in wenigen Jahrzehnten wird Berlin anderen Großstädten gleichen: nicht mehr »arm, aber sexy«, dafür reich, aber teuer, sozial gespalten und luxustot.

Bei WG-Partys ist der Stadtumbau ein beliebtes Gesprächsthema. Das treibt junge Leute um. Keine Sorgen machen wir uns dagegen ausgerechnet um die Rente, dieses Symbolthema für den angeblich bevorstehenden Generationenkonflikt. An meine Rente denke auch ich wenig. Mein Altwerden verdränge ich gerne. Ich erinnere mich, einmal einen Vertrag unterschrieben zu haben. Kaum war ich fertig mit dem Abitur, kam der Berater der Bank in unsere Wohnung und verkaufte mir diesen Vertrag. Ich hatte keine Ahnung, was ich unterschrieb, meine Mutter auch nicht. Wir vertrauten dem Bankberater, der es schließlich wissen muss, der hat das ja gelernt. Mit dem Kleingedruckten waren wir überfordert. Seitdem zahle ich 25 Euro im Monat ein. Vor kurzem rechnete mir die Verbraucherzentrale vor, was das für meine Rente heißt. Da musste ich erst einmal schlucken, so wenig sollte ich im Alter bekommen.

Die generelle Hysterie um das Altwerden erscheint mir dagegen reichlich übertrieben. Die Gesellschaft soll ruhig älter werden. Andere Probleme sind brisanter: die klaffende Ungerechtigkeit zwischen Arm und Reich, die soziale Segregation der Städte, das Versagen der Schulen, die schlechte Integration vieler Zugewanderter, die Erosion der Privatsphäre durch globale Medienkonzerne und staatliche Überwachungsgesetze, die explodierenden Zinslasten im Staatshaushalt, die zerstörerischen Spekulationsorgien der Finanzmärkte, die ökologische Ausbeutung des Planeten. Wenn wir über die Zukunft meiner Generation reden, geht es um weit mehr als nur um die Rente. Entscheidend ist, wie wir in Zukunft leben und vor allem: als Gesellschaft zusammenleben wollen.

Das ist Graceland, Baby*

Deutschland wird älter. Und das ist gut so

Der Krieg der Generationen lauert in jedem Bücherregal. Wer etwa den Bestseller *Das Methusalem-Komplott* von Frank Schirrmacher liest, muss aufpassen, nicht in Depressionen zu verfallen. »Das Alter wirft seine Schatten schon auf die 30-Jährigen, und es vermummt manch 40-Jährigen mit Melancholie und Traurigkeit«, steht dort schwarz auf weiß. Ich bin 27. Das heißt, ich gehe auf die 30 zu. Die ersten Vorzeichen meiner Alterung erlebe ich tatsächlich bereits. Neulich lud mich ein Schüler zum Jugendpresseclub ein – mit dem Hinweis, von einem »älteren Referenten« könne man sicherlich einiges lernen. Mir fiel die Kinnlade runter. Aus der Perspektive eines Schülers bin ich zugegebenermaßen alt. Das musste ich erst einmal verdauen.

In der Tat gibt es in meinem Freundeskreis das Phänomen der Quarterlife Crisis. Der 30. Geburtstag löst bei dem einen

---

* Kettcar (2008)

oder anderen Panik aus. Aus lauter Angst, etwas zu verpassen, beendet man die langjährige Beziehung zum Partner, den man doch eigentlich heiraten wollte, ehelicht schließlich einen fast Fremden, schmeißt den Job hin, bekommt schnell ein Kind, bevor es zu spät ist, oder macht einen Salsa-Tanzkurs – oder alles zusammen.

Dem Methusalem-Propheten Frank Schirrmacher aber geht es um mehr als die Sinnkrise der Mittdreißiger. Für ihn steht die Zukunft der Republik auf dem Spiel. Das Altern der Gesellschaft, sagt er voraus, werde eine Katastrophe heraufbeschwören. »Deutschland wird im Jahre 2050 zwölf Millionen Menschen verloren haben – das sind mehr als die Gefallenen aller Länder im Ersten Weltkrieg. Gesellschaft und Kultur werden so erschüttert sein wie nach einem lautlosen Krieg.« Eine erschreckende Prognose, die Furcht auslöst vor der Greisenrepublik, in der die Alten das Sagen haben und die Jungen untergehen.

Liest man trotzdem weiter, findet sich doch noch ein Grund zur Erheiterung. Denn etwas »Unvorstellbares« werde geschehen: Ein Krieg »um unsere Seelen« werde entbrennen, in dessen Folge »die dazugewonnene Bevölkerung der DDR von 18 Millionen sich gleichsam in Nichts auflösen wird«. Die Ostdeutschen lösen sich in Luft auf? Oder wenigstens ihre Seelen? Der Leser grübelt, ob das eine ernst gemeinte Prognose sein soll oder eher eine missglückte Metapher.

Schirrmacher weiter: »Unsere Kinder werden wieder zu Zeitgenossen der Wölfe! Bundesländer werden verwildern!« Das ist toll. Unsere Kinder werden also schneidige Naturburschen, die faszinierte chinesische Touristen durch die

Wildnis führen. Die Wölfe kehren (nicht nur) in die Lausitz zurück und die Bären (nicht nur) nach Bayern. Weil weniger Köpfe ernährt werden müssen, wird mehr Ackerfläche frei für wachsende Wälder und die Rückkehr der Natur. Auf den Autobahnen ist mehr Platz, die Parkplatznot in den Städten ist vorüber, der Energie- und Ressourcenverbrauch sinkt, ebenso der Ausstoß von Treibhausgasen. Wir werden zur Öko-Vorzeigenation.

Die »demografische Zeitbombe« tickte schon einmal – nur andersherum. Noch vor 40 Jahren wünschten sich die Deutschen sinkende Geburtenraten, weil die wachsende Menschheit von der Erde nicht mehr verkraftet werden könne. Wenn die »Bevölkerungsbombe« explodiere, warnte damals der prominente Biologieprofessor Paul Ehrlich, dann seien Hungersnöte und Umweltkatastrophen unausweichlich. Hollywood fand eine wenig elegante Lösung: Im Science-Fiction-Thriller *Soylent Green* ließen sich die Lebensmüden stilvoll vergiften und wurden zu Lebensmitteln verarbeitet.

Zu viele Menschen, aber zu wenige Deutsche? – Da passt etwas nicht zusammen. Aus ökologischer Sicht sind auch heute niedrige Geburtenraten geboten, da bei kleinerer Bevölkerung der Umweltverbrauch leichter auf ein verträgliches Maß reduziert werden kann. Dies gilt gerade für Industrieländer, deren Pro-Kopf-Umweltverbrauch um mehrere Größenordnungen höher ist als der von Entwicklungsländern. Das sollten wir nicht vergessen, wenn wir über demografischen Wandel sprechen.

Sein literarisches Pendant fand Schirrmachers Weltuntergangsessay im Endzeitroman *Corpus Delicti* von Juli Zeh. In ihrer Anti-Utopie beschreibt die preisgekrönte Schriftstellerin eine ebenso hysteriegetriebene wie rationalitätsfixierte Gesundheitsdiktatur: Der Heilsruf lautet »Santé!«, und über implantierte Chips kontrolliert die Überwachungsbürokratie, ob sich die Menschen korrekt ernähren. Alkohol und Tabak sind bei Strafe verboten. Der gesunde, funktionierende Körper wird zur Staatsräson erhoben. Wer sich dem Fitnessdiktat nicht beugt, wer krank oder alt ist, wird – streng nach rechtsstaatlichem Prozedere – beseitigt, weil er das Gemeinwohl gefährdet. Zum Zwecke des höheren Guts, der totalen Kosten-Nutzen-Effizienz, werden ethische Reflexionen abgelegt.

Juli Zeh will ihren Roman als literarische Idee verstanden wissen, nicht als politische Prognose. Doch die Fiktion scheint gelegentlich der Realität bedenklich nahe. »Ich halte nichts davon, wenn 85-Jährige noch künstliche Hüftgelenke auf Kosten der Solidargemeinschaft bekommen. Das klingt zwar jetzt extrem hart, aber es ist doch nun mal so: Früher sind die Leute auch auf Krücken gelaufen.« Mit dieser Ansage schaffte es der JU-Bundesvorsitzende Philipp Mißfelder, seinen medialen Bekanntheitsgrad auf einen Schlag zu vervielfachen. Der Vorsitzende des FDP-Jugendverbandes, der den Medien-Coup nachahmen wollte und bekundete, die »Alten sollten den Löffel abgeben« – nämlich den einen oder anderen Silberlöffel von ihren Reichtümern –, musste nach dieser Entgleisung zurücktreten.

Der medizinische Fortschritt und ein längeres Leben gehören zu den treibenden Kräften der Alterung. Das sollten wir positiv sehen und nicht schwarz färben. Die prognostizierte Bevölkerungsstruktur in Form einer Urne ist so wenig krankhaft wie die Bevölkerungspyramide »natürlich«. Letztere rührt nur daher, dass die Menschen in früheren Zeiten nicht allzu lange lebten, die Kindersterblichkeit hoch war und zudem verlässliche Verhütungsmethoden schlicht nicht existierten. Die »Urne« wiederum ist, anders als es die Bezeichnung suggeriert, vielmehr Ausweis einer vitalen Gesellschaft denn Symptom der Morbidität: Sie resultiert daraus, dass immer mehr Menschen immer länger leben – und ihre gewonnenen Jahre zweifellos nicht nur in Krankheit und Siechtum verbringen – und der Zwang zu vielen Kindern nicht mehr existiert, da die geborenen Kinder in der Regel überleben und sichere Verhütungsmittel kostengünstig verfügbar sind. Eine alternde Gesellschaft ist Fortschritt, kein Rückschritt.

Anders als manche Meinungsmacher möchten Bevölkerungsforscher die Alterung partout nicht schwarzmalen. Das ideologisch unverdächtige Max-Planck-Institut für demografische Forschung hat darauf hingewiesen, dass die negativen Konsequenzen der Alterung in den herkömmlichen Statistiken drastisch überbewertet werden.[1] Jene »analytischen Konzepte« seien »recht statisch geblieben«, bemängeln die Wissenschaftler. Denn die talkshowgerechten Kennziffern blenden die Erfolgsgeschichte des medizinischen Fortschritts aus: Wir bleiben länger jung, als es unsere Geburtstage anzeigen. Ein heute 60-Jähriger ist gesünder und geistig reger, als er es zu Nachkriegszeiten gewesen wäre. So profan diese Erkenntnis klingt, so wenig hat sie in den üblichen Statistiken ihren Niederschlag gefunden. Die Berge an Literatur zur Vergreisung der Republik laborieren allesamt an dem gleichen fundamentalen Mangel verzerrter Statistik. »Die Voraussage von Medizinkosten allein auf Grundlage des chronologischen Alters gelangt zu überhöhten Zahlen und daher zu irrigen Entscheidungen. Ähnlich ist es mit Prognosen für bestimmte Gesundheitsleistungen, etwa den Bedarf von Pflegeheimplätzen«, schreiben die Max-Planck-Forscher. Das heißt: Die meisten bisherigen Prognosen sind nicht mehr wert als das Papier, auf dem sie stehen, weil sie davon ausgehen, dass die Menschen zwar alt werden, aber nicht jung bleiben.

»Die negativen Folgen der Alterung werden bislang überbewertet«, lautet auch das Urteil von Wirtschaftswissenschaftlern am Institut für Demografie in Wien.[2] Ihre Modellrechnungen zeigen, dass die rückläufigen Geburten sogar in einen Wohlstandsgewinn umgemünzt werden können, wenn frei werdende Ressourcen in den produktiven ökonomischen Sektoren investiert und nicht in zusätzliche Sozial- und Rentenleistungen gepumpt werden. Denn weil es weniger Kinder gibt, die ernährt und versorgt werden müssen, haben die mittleren Jahrgänge mehr Zeit und Geld verfügbar, die sie in die bessere Ausbildung der Kinder investieren können. Der Wohlstandskuchen wächst in einer alternden Gesellschaft vielleicht langsamer, in einer schrumpfenden Bevölkerung kann er aber unter weniger Mündern verteilt werden.

Statt aber darüber zu sprechen, wie wir das Beste aus der demografischen Entwicklung machen und das Altern neu erfinden können, schieben wir lieber den Schwarzen Peter hin und her. Mit Schuldzuweisungen wie »Die Rentner sind schuld, weil sie zu viele sind« oder »Die Jungen sind schuld, weil sie so wenige Kinder kriegen« kommen wir jedoch nicht weiter. Die ideologischen Scheingefechte stiften Unfrieden und verstellen den Blick auf die eigentlich nötigen Maßnahmen.

Der Begriff der Generationengerechtigkeit wird häufig als ideologischer Kampfbegriff zweckentfremdet und politisch instrumentalisiert, um unpopuläre Projekte mit einem moralischen Anstrich zu versehen. Sozialabbau und Rentenkürzungen werden mit dem Hinweis auf den Sachzwang des demografischen Wandels gerechtfertigt, denn die nachwachsende Generation könne die anschwellende Altenlast nicht mehr schultern. Bei all den verkürzten Parolen ist es schwer geworden, unbelastet über das Miteinander der Generationen zu reden. Schnell sind die Kampfbegriffe ausgesprochen und die ideologischen Scheuklappen ausgefahren. Diese Grabenkämpfe tun uns nicht gut.

Generationenkonflikte dürfen nicht gegen soziale Verteilungskonflikte ausgespielt werden. Innerhalb ein und desselben Jahrgangs gibt es krasse Unterschiede. Was hat ein 65-jähriger Dachdecker in Brandenburg mit einer 65 Jahre alten pensionierten Studienrätin in Frankfurt gemeinsam? Was verbindet die 12-jährige Tochter eines Manager-Ehepaars am Starnberger See mit dem gleichaltrigen Sohn einer türkischstämmigen Hilfsarbeiterfamilie in Düsseldorf? Sicherlich nicht viel, aber doch mehr als das zufällig gleiche Geburtsjahr. Generationen wachsen in unterschiedliche Welten hinein, stoßen auf unterschiedliche Voraussetzungen beim Zugang zu Bildung und Arbeit, hegen andere Vorstellungen von einem guten Leben und dem, was die Zukunft bringen mag. Generationen haben unterschiedliche Weltbilder, Lebenslagen und Chancen. Oft genug stellt Gerechtigkeit zwischen den sowie innerhalb der Generationen die zwei Seiten einer Medaille dar.

Generationen sind auch keine starren Einheiten. Ab wann ist ein Mensch alt? Und was ist eigentlich die »alte« oder die »junge« Generation, von der wir so selbstverständlich sprechen? Scharfe Trennlinien zwischen Alt und Jung gibt es nicht. Das zeigen bereits die unterschiedlich definierten Altersgrenzen: Bei den Grünen gilt Mann oder Frau bis 27 als »jung«, bei SPD und CDU bis 35, bei den Wirtschaftsjunioren bis 40. Alter ist Ansichtssache. Goethe wurde im Alter von 53 als »edler Greis« verehrt. Meine Mutter ist vor kurzem 53 geworden. Wie ein edler Greis kommt sie mir nicht vor. Wer alt ist, war einmal jung. Wer jung ist, will später selbst einmal alt werden. Schon daher glaube ich, dass die Rhetorik vom »Krieg der Generationen« in die Irre führt – zumindest als die beschriebene plakative Kampfrhetorik.

Generalisierungen – wie sie auch in diesem Buch reichlich vorkommen und gelegentlich nötig sind, um in einer komplexen Welt überhaupt irgendwelche Aussagen treffen zu können – sind daher immer unter Einschränkung zu verstehen. Das gilt insbesondere für Appelle an »die« Jungen oder »die« Alten. Ich schreibe hier nicht darüber, was die Jungen von den Alten erwarten, weil ich mich zum Klassensprecher der U30-Generation aufschwingen wollte, sondern weil ich diese Ansichten aus meiner persönlichen Lebenswelt und soziologischen Analyse heraus für richtig halte. Wenn ich von »wir« schreibe oder von »meiner Generation«, möchte ich dies unter diesem Vorbehalt verstanden wissen. Ich möchte auch betonen, dass ich bestimmt nicht generell schlecht oder bösartig über »die Alten« denke. Ich möchte auch keinem Rentner und keiner Rentnerin die hart erarbeitete Rente streitig machen. Ich bemühe mich jedoch um klare Thesen – und nehme konstruktiven Widerspruch gerne an.

Ein Krieg der Generationen steht uns nicht bevor – jedenfalls noch nicht. Jung und Alt in Deutschland verstehen sich besser denn je, allem Kriegsgetrommel zum Trotz. Junge Menschen finden in ihrer Familie Verlässlichkeit und Geborgenheit. Mit ihren Eltern kommen die meisten gut aus. Fast alle jungen Leute sagen, sie würden ihre Kinder so erziehen, wie sie selbst von ihren Eltern erzogen worden sind. Natürlich gibt es Konflikte, aber diese sind nur selten politisierbar. Die Omis und Opis, die Mütter und Väter unterstützen ihren Nachwuchs häufig mit Geld und Zeit und umgekehrt. Vom Aufkündigen der Solidarität kann keine Rede sein. Stell dir vor, es ist Krieg, und keiner geht hin.

Trotzdem können wir nicht alles gesundbeten. Der demografische Übergang wird zu Spannungen und Verteilungskonflikten führen – zwischen Arm und Reich ebenso wie zwischen Jung und Alt. Auf eine staatliche Rente vertraut kaum noch einer. Wir haben gelernt, dass wir uns auf die Solidarität von anderen nicht verlassen dürfen – auch daher der Rückzug ins Private und die Fixierung auf den eigenen Lebensweg. Das Renten-, Gesundheits- und Pflegesystem wird auf eine harte Probe gestellt, wenn die Babyboomer in den Ruhestand gehen und immer mehr Leistungsbezieher immer weniger Beitragszahlern gegenüberstehen. Die Wirtschaft hingegen ist nach wie vor auf Jüngere fixiert, weil alte Arbeitnehmer ungleich höhere Lohnkosten aufweisen und obendrein – wenngleich zu Unrecht – als weniger innovativ, produktiv und flexibel gelten. In vielen Dörfern und Kleinstädten wird die Infrastruktur komplett rückgebaut werden müssen, weil in schrumpfenden Siedlungen die Kanalisation, die Postämter, die Schulen und Kindergärten nicht mehr ausgelastet werden können. Dies sind reale Probleme, die auf eine Lösung warten.

Als die Deutsche Welle eine TV-Doku zum Thema »Deutschland altert« drehte, interviewten die Reporter den Ex-Regierungsberater Herwig Birg. In seiner Villa am Wannsee ließ sich der Professor im Ruhestand bei einem Spaziergang über sein Anwesen filmen. »Jetzt Rentner zu sein bedeutet, in einem goldenen Zeitalter zu leben. Und das sollte man genießen, denn die künftigen Rentner werden diese Versorgungsniveaus nicht mehr haben – können sie nicht mehr haben, weil niemand mehr da ist, der diese wirtschaftlichen Leistungen erbringen kann«, sagte er, bequem im Ledersessel niedergelassen. »Die radikale Lösung wäre, dass jeder arbeitet bis zum letzten Tag seines Lebens.« Einen Ausweg aus dem Dilemma gebe es nicht. Es werde alles ganz schlimm kommen.

Zweite Station der Reporter war mein WG-Zimmer, um ein Statement der jungen Generation einzusammeln. Es zählt nicht, wie alt, sondern wie produktiv eine Gesellschaft ist, sagte ich. Wenn wir heute in die Produktivität unserer

Wirtschaft investieren, dann wird diese Gesellschaft auch in Zukunft noch reich genug sein, um eine größere Altengeneration gut zu versorgen. Der Optimismus überraschte die Journalistin – hatte sie doch soeben von einem altersweisen Professor erfahren, wie schlimm es um die Zukunft stehe. Villen am Wannsee für alle wird es sicherlich auch künftig nicht geben. Aber wir leben in einer dynamischen Volkswirtschaft und einer trotz allem recht gut funktionierenden Demokratie. Deshalb können auch in Zukunft die Alten ein ausreichendes Stück vom Kuchen erhalten, selbst wenn sie mehr werden.

Wichtiger als der verengte Blick auf den Altenquotienten sind andere Faktoren: Wie gut sind die Menschen ausgebildet, wie gesund sind sie, wie viele Menschen haben Arbeit, wie hoch sind die Löhne, wie produktiv ist die Wirtschaft, gibt es eine erstklassige Infrastruktur? Ein steigender Altenquotient belastet zwar die Rentenkassen. Aber wenn zugleich die Arbeitslosigkeit sinkt, mehr Frauen und Zuwanderer einer Erwerbsarbeit nachgehen, Geringqualifizierte besser ausgebildet werden und das Ruhestandsalter schrittweise angehoben wird, dann wird die Alterung spielend kompensiert. Schließlich zählt nicht, wie viele Menschen älter oder jünger als 60 Jahre sind. Vielmehr kommt es darauf an, wie viele Menschen tatsächlich Sozialleistungen beziehen, wie viele tatsächlich arbeiten und in die Sozialkassen einzahlen. Wie starr oder dynamisch eine Gesellschaft ist, wie konservativ oder innovativ, ist keine Frage des chronologischen Alters ihrer Angehörigen, sondern eine Frage der Kultur.

Die Alterung ist nicht mehr rückgängig zu machen. Die fehlenden Geburten der letzten zwanzig Jahre lassen sich nicht nachholen. Es geht darum, die Alterung zu managen: das Altern neu zu erfinden. Der demografische Wandel ist nichts, was wie eine Naturkatastrophe über uns hinwegbrausen würde. Die zentrale Frage ist nicht, *ob* wir altern – sondern *wie* wir altern: mit guter Bildung, mit guter Arbeit, mit guter Infrastruktur und mit dynamischen Sozialsystemen – oder ohne all das. Der demografische Wandel ist eine Gefahr – aber nur dann, wenn wir die Hände in den Schoß legen und ihn auf uns zurollen lassen. Es gibt viel zu tun. Packen wir es an.

Das Land der begrenzten Unmöglichkeiten *
Die pragmatische Generation in einer prekären Welt

Es geht uns gut. Wir Jungen sind in materiellem Wohlstand aufgewachsen. Wir haben genug zu essen und ein warmes Dach über dem Kopf, wir besitzen Flachbildfernseher und Mobiltelefone. Über das Internet chatten, mailen und skypen wir mit unseren Freunden rund um den Globus. Mit Billigfliegern bereisen wir ferne Länder. Der Kalte Krieg ist vorüber, die Grenzen stehen offen. Noch nie in der Geschichte hatte eine junge Generation so viele Möglichkeiten. Wir haben allen Grund, zufrieden zu sein, und wir sind es auch.

Zugleich sind wir in eine Zeit hineingeboren, in der die gewohnten Antworten auf die großen Fragen brüchig geworden sind: Die soziale Frage wurde durch den Sozialstaat beantwortet – der aber durch Arbeitslosigkeit, Prekarisierung und soziale Spaltung bedroht wird. Die liberale Frage wurde durch die Garantie ziviler Bürgerrechte beantwortet – die

---

* Wir sind Helden (2003)

sind jedoch durch den digitalen Einbruch in die Privatsphäre gefährdet. Die Frage des Eigentums wurde durch das Urheberrecht beantwortet – doch dieses ignoriert die Lebensrealität im Internet. Die nationale Frage wurde durch den souveränen Nationalstaat beantwortet – dessen Autorität durch die Globalisierung wankt. Die ökologische Frage wurde durch Staub- und Schlackefilter beantwortet – doch heute leiden nicht mehr nur Rhein und Ruhrgebiet, vielmehr verändert der ganze Planet sein Gesicht. Die Gesellschaft befindet sich in einem strukturellen Umbruch.

Wir heulen nicht über Luxusprobleme. Sicherlich ist die wohlfeile Behauptung, dieser jungen Generation gehe es besser als jeder jungen Generation zuvor, nicht aus der Luft gegriffen. Aber damit darf nicht jede Diskussion über ihre Probleme wegdefiniert werden, um sie schließlich mundtot zu machen. Die Frage ist doch, welchen Maßstab wir anlegen. Im Vergleich zu den meisten Menschen in den Ländern der Dritten Welt leben wir Europäer in unvorstellbarem Reichtum. Haben wir daher keine sozialen Probleme, über die es sich zu streiten lohnte? Auch die heutige deutsche Rentnergeneration ist die reichste aller Zeiten; trotzdem käme niemand auf die Idee zu behaupten, die Senioren lamentierten über Luxusprobleme. Auch den Reinigungskräften und Dönerverkäufern von heute geht es vermutlich besser als den Klofrauen und Bratwurstverkäufern in der Nachkriegszeit. Haben sie aber deswegen nur Luxusprobleme, die zu thematisieren sich moralisch verbietet? Und hatten wir nicht immer gewollt, dass es unseren Kindern einmal bessergeht? Wo ist dieser Wunsch, dieser Antrieb geblieben?

Die Welt ist unübersichtlich geworden. Es gibt unbegrenzte Möglichkeiten, aber die alten Sicherheiten gelten nicht mehr. Die Popband *Wir sind Helden* bringt es auf den Punkt: Man könne »glücklich sein und trotzdem Konzerne leiten«, heißt es in einem Song, mit einer Hand die Welt tragen und mit der anderen Getränke anbieten – obgleich wir doch gar nichts wollen würden, wenn wir könnten wie wir wollten, obwohl doch alle etwas wollen sollen. Alles ist möglich, aber ist auch alles machbar?

Schon öfter wurde versucht, einen Namen für diese meine Generation zu finden. Derart hilflos sind die Versuche, der jungen Generation ein Label aufzukleben, dass man als Betroffener selbst nicht mehr weiß, welcher man sich nun zugehörig fühlen soll: Generation Golf, Generation MTV, Generation Chips, Generation Umhängetasche, Generation Kinderlos, Generation Global, Generation Porno, Generation iPod, Generation Krise und so weiter. Einzig unter dem Etikett der Generation Internet könnten wir uns noch wiederfinden, weil wir – anders als unsere Eltern – wie selbstverständlich im Netz leben; aber eine Generation allein über ihr Kommunikationsmittel zu beschreiben ist ebenfalls zu kurz gegriffen. Eine »Generation Telefon« oder eine »Generation Fernseher« gab es schließlich auch nicht.

In der postmodernen Gesellschaft bleibt die Suche nach Sinn und Identität jedem selbst überlassen, jenseits traditioneller Bindungen und Werte. Eine heterogene Gesellschaft lässt sich nur schwer nach soziologischen Kategorien fassen. Gerade die Jugend ist zu einer inhomogenen Gruppe geworden, die sich auf den ersten Blick nur durch kollektive Individualität auszeichnet, verbunden nur durch das zufällig gleiche Geburtsjahr. Weil wir uns als Individuen begreifen, spüren wir ein tief verwurzeltes Unbehagen, uns einem gemeinsamen Etikett unterzuordnen.

Dennoch blieben Versuche in Literatur und Wissenschaft nicht aus, das verbindende Element dieser unsortierten Generation dingfest zu machen. Erstmals beschrieb 1991 der kanadische Schriftsteller Douglas Coupland in seinem Kultbestseller *Generation X* eine bis dahin namenlose Generation, die mit mehr wirtschaftlicher Unsicherheit aufwächst als ihre Elterngeneration, aber für deren ökonomische und ökologische Altlasten büßt: die erste Generation, die nicht mehr an den immerwährenden Aufstieg glaubt, mit zu vielen Fernsehern und zu wenig Arbeit.

Der Politikwissenschaftler Claus Leggewie sagte 1995 voraus, bald werde eine neue politische Generation von sich reden machen: die Mauerfallkinder, die um die Wendezeit die Schulbänke drückten. Generationskonflikte zwischen der nachwachsenden Generation, die sich in einer unsicheren Weltordnung zurechtfinden müsse, mit ihren von Wohlfahrtsstaat und Kaltem Krieg geprägten Eltern, Lehrern und Politikern hielt Leggewie für letztlich unabwendbar. Die neue Bewegung werde sich vermutlich in der ersten Dekade des 21. Jahrhunderts formieren, da sich dann bemerkbar mache, wie brüchig die sozialen Netze der Wohlfahrtsstaaten geworden sind, wie fragil die Strategien fortwährenden Wirtschaftswachstums und wie begrenzt die natürlichen Ressourcen dieses Planeten.[3] Heute scheint es so, als sei die Prognose so falsch nicht gewesen.

Ulrich Beck trieben ähnliche Erwartungen um. Die Zersplitterung von Arbeitsgesellschaft und Sozialstaat, ein lahmendes Hochschulsystem, hohe Abbrecherquoten in den Schulen und steigender Leistungsdruck ließen ahnen, dass eine neue Jugendbewegung nicht weit sei. Ausgerechnet in den individualistischen und hedonistischen Studenten der 1990er Jahre sah der Soziologieprofessor die Vorhut der Revolte heranwachsen. Was für Claus Leggewie die »89er-Generation« darstellte, bezeichnete Ulrich Beck als die »94er«.[4]

Lange ließ die herbeigeschriebene Jugendbewegung kaum von sich hören. Die Sozialwissenschaften haben sich schon öfter verspekuliert, wenn sie soziale Unruhen vorhersagen wollten. Die Eigendynamik der Gesellschaft ist zu komplex, als dass sich eine neue Bewegung quasi naturgesetzlich ableiten ließe.

Die Jahrgänge der späten 1970er Jahre wollten jedenfalls nicht das revolutionäre Subjekt spielen. Die »Generation Golf« – so der Titel des nostalgietriefenden Bestsellers von Florian Illies – frönte lieber unbekümmertem Hedonismus und fröhlichem Individualismus, als sich zum Straßenprotest zu formieren. »Die Vorgänger-Generation hat, wenn ich mich recht erinnere, den lieben ganzen Tag demonstriert. Wahrscheinlich fanden wir es deshalb von Anfang an doof«, mutmaßt Florian Illies über die Entpolitisierung seiner Altersgenossen. »Es wirkte befreiend, dass man den gesamten Bestand an Werten und Worten der 68er-Generation, den man immer als albern empfand, auch öffentlich so nennen durfte. Die Abgrenzung gegen die Vorgänger-Generation mit ihrer Moralhoheit war für uns früh eine entscheidende Lebensmaxime.« Weil die Generation Golf an gesellschaftliche Gestaltung nicht mehr glaubte, rückte das kleine private Glück in den Mittelpunkt: »Wir glauben, dass Gesellschaft funktioniert, ohne dass man etwas dafür tun muss, als hätte man einen ewigen Dauerauftrag gegeben. Hauptsache, mir geht es gut. Oder auch: Wenn jeder an sich denkt, ist an alle gedacht. Und wenn es mir schlechter geht, muss ich mir selber helfen, schließlich bildet inzwischen jeder eine Ich-AG.«

Es dauerte jedoch nicht lange, bis die Generation Golf aufwachte. Nach dem Zusammenbruch der New Economy, nach elftem September, Irakkrieg und Bankenkrise sind Ernüchterung und Verunsicherung angekommen. »In meinem Bekanntenkreis gibt es viele, die keine feste Arbeitsstelle mehr haben. Und die anderen haben Angst, bald keine mehr zu haben«, blickt Illies zurück. »Wir wollen nicht mehr mitlaufen, glaube ich. Die Worte, von wegen, wir tun was für die folgenden Generationen, das hat man immer so hingenommen. Ich dachte lange, das werden die schon so meinen, wenn sie es sagen. Wir dachten, das schaffen wir schon selbst, genug in die Rentenkassen einzuzahlen. Und plötzlich erkennt man die doch sehr hohle Rhetorik darin.«[5]

Wir mussten bitter lernen, dass die Heilsversprechen des freien Marktes, auf dem es jeder dank eigener Leistung schnell zu Wohlstand bringen kann, nicht aufgehen. Unser Freiheitsdrang und Erlebnisdurst stehen in krassem Widerspruch zum tagtäglichen ökonomischen Druck. Die ökonomische Unsicherheit erzeugt ein dumpfes Gefühl der Perspektivlosigkeit und subtiler Angst. Die Zeiten, in denen die Industriebetriebe der Deutschland AG die Azubis geradezu aufsaugten, gehören der Vergangenheit an. Früher konnten frisch gebackene Schulabgänger noch zwischen zwei oder drei Lehrstellen oder gut bezahlten Anlernjobs wählen. Heute können sie sich glücklich schätzen, überhaupt einen Ausbildungsplatz zu ergattern. Die Anforderungen sind höher geworden. Nicht jeder kommt da noch mit.

Als erstmals *Die Zeit* von der »Generation Praktikum« sprach, war das für viele ein intellektueller Befreiungsschlag. Nicht weil jeder von uns ein Praktikum nach dem anderen schieben würde – ein Symptom, von dem die brotlosen Geisteswissenschaften befallen sind, aber kaum die technischen Berufe –, sondern weil viele von uns das dumpfe Gefühl nicht loswerden, nichts wirklich richtig machen zu können, und nur schwer einen Einstieg in den Beruf finden. Das gilt nicht unbedingt für heiß begehrte Informatiker, aber doch für die große Mehrheit der jungen Generation, die oft nicht weiß, wohin, weil sie keiner haben will oder zumindest nicht anständig bezahlt. Erst jetzt verstanden wir, dass es nicht unser individuelles Versagen ist, wenn wir auf der Strecke bleiben, sondern die totale Marktkonkurrenz uns zu leichten Opfern der Ausbeutung macht. Erst jetzt lernten wir, gesellschaftliche Missstände überhaupt als solche zu erkennen, weil auch die Selbstoptimierung zur Ich-AG nicht vor Scheitern bewahrte. Erst jetzt lernten wir, die wir als Individualisten aufgewachsen waren, uns für eine gemeinsame Sache einzusetzen. Nun fühlten wir zum ersten Mal, dass uns mehr verbindet als nur das zufällig gleiche Alter. Es ist dieses Unbehagen über die soziale Ungerechtigkeit und die Ohnmacht der Demokratie, die uns mehr eint als alles andere.

Dann brach am 15. September 2008 mit der Pleite der Investmentbank Lehman Brothers die größte Wirtschaftskrise seit der Großen Depression über die Welt herein. Und wir Jungen reagierten darauf – gar nicht. Nur ein subtiles Gefühl der Unsicherheit und Ohnmacht machte sich breit, ein skeptischer, unaufgeregter Realismus.

Uns wurde vorgeworfen, wir seien eine charakterlose Generation ohne Gesicht. Doch wir sind mehr als nur eine Anhäufung von Individuen, die zufällig im gleichen Jahrzehnt geboren wurden. Uns verbindet mehr: Freiheit, Globalisierung, Internet, grenzenlose Mobilität, ein friedliches Europa. Aber auch: Arbeitslosigkeit, Hartz IV, Klimawandel, der elfte September, Bankenkrise. Uns verbindet eine Schizophrenie aus Konsumismus und Postmaterialismus, eine bizarre Mischung aus materieller Sorglosigkeit und sozialem Leistungsdruck, persönlichem Zukunftsoptimismus und diffuser Zukunftsangst, politischer Entfremdung und dem Bewusstsein, dass doch alles nicht so bleiben kann, wie es ist.

Die Welt ist schlecht. Wir machen das Beste draus

Wir sind groß geworden in der Dauerkrise. Unsere Zukunftsmusik klingt nach Klimakatastrophe, Bildungsnotstand und Schuldenorgien, all dies auf Kosten von – uns. Aus der Perspektive eines greisen Wutbürgers würden sich uns drei Optionen anbieten, wie wir mit diesem Ausverkauf der Zukunft umgehen könnten: Entweder wir erstarren in Angst;

oder wir verballern, was uns noch zur Verfügung steht, weil ohnehin alles verloren ist; oder aber wir gehen wütend auf die Barrikaden.

Doch all das traf bislang nicht ein. Die Altprotestler übersehen, dass ihre entscheidende Grundannahme falsch ist: Denn wir fühlen uns nicht als Opfer. Egal welche Krise auch über uns hereinbricht, wir vertrauen darauf, dass wir unser Leben schon irgendwie meistern werden. Selbst der Beinahe-Systemkollaps des Kapitalismus konnte der jungen Generation ihren Optimismus nicht verderben. Wir waren die Verlierer der Krise: als junge Arbeitnehmer, die am schnellsten entlassen wurden; als Schulabgänger, die keinen Ausbildungsplatz fanden; als Generation insgesamt, weil wir unser Leben lang für die Schulden haften müssen, die eine alte Politikergeneration zur Rettung abgewirtschafteter Banken und Autokonzerne auftürmte. Doch wir sind darüber weder schockiert noch wütend. Weit schlimmer: Wir sind darüber nicht einmal erstaunt. Für uns angebliche »Krisenkinder« (so eine *Spiegel*-Titelstory) ist die Krise der wenig überraschende Normalzustand.

Der Glaube, es werde immer aufwärtsgehen, trägt nicht mehr. »Meinen Kindern soll es einmal bessergehen« – dieser Wunsch, der bisher den Grundstein für gesellschaftliche Zuversicht legte, ist erodiert. Drei Viertel der Jüngeren unter 35 Jahren glauben nicht daran, dass es ihnen einmal bessergehen wird als ihren Eltern. Von den über 35-Jährigen erwarten gar nur sechs Prozent, dass es der nachrückenden Generation bessergehen wird als ihnen selbst.[6]

Daniel Cohn-Bendit und Reinhard Mohr, zwei der bekanntesten Agitatoren der 68er-Revolte, glauben einen historischen Bruch erkannt zu haben: Das Prinzip Hoffnung – die utopischen Energien vom Traum einer besseren Welt – sei einem Prinzip Angst gewichen. Die Zukunft stelle sich für die nächste Generation nicht mehr als Versprechen, sondern als Drohung dar. Das Grundvertrauen, die Welt warte quasi nur darauf, von jungen Rebellen verändert zu werden, sei erloschen.[7] An ihrer Analyse stimmt, dass viele Jüngere diffuse Zukunftsängste spüren. Gleichwohl versinken wir aber nicht in pessimistischer Resignation oder fatalistischer Lethargie. Stattdessen arrangieren wir uns mit den schwierigen Zeiten und richten uns ein schönes Leben in der Dauerkrise ein. Es wird schon irgendwie klappen.

In einer repräsentativen Umfrage des Jugendmagazins *Neon* unter jungen Erwachsenen zwischen 18 und 35 Jahren bezeichnen fast drei Fünftel die Stimmung im Land als ängstlich und pessimistisch. Fast jeder dritte junge Berufstätige beklagt zunehmenden Leistungsdruck am Arbeitsplatz und steigenden Konkurrenzkampf unter Kollegen. 80 Prozent haben Angst vor Armut im Alter. 64 Prozent fürchten sich vor materieller Not im Fall einer Entlassung. Trotzdem sieht über die Hälfte der rund 1000 Befragten ihre persönliche Zukunft als hoffnungsvoll, optimistisch oder zupackend.[8] Die Shell-Jugendstudie 2010, die als bedeutendste Untersuchung über die Jugendlichen in Deutschland gilt, bestätigt: Weder Krise noch düstere Zukunftsszenarien bringen die junge Generation von ihrer optimistischen Grundhaltung ab. Wir sind zwar beunruhigt, verfallen aber nicht in Panik. Wir sind nicht vor Angst erstarrt, sondern bleiben gelassen. Wir verlassen uns nicht mehr auf den Staat, sondern helfen uns selbst. Weil wir nicht einmal von den Exzessen der Banken und Spekulanten entsetzt sind – wir wussten ja schon immer, dass es da nicht mit rechten Dingen zugeht –, treibt uns auch der Tagtraum der Weltrevolution nicht auf die Straße. Für uns ist die Ungerechtigkeit des Wirtschaftssystems erschreckend normal.

Von der Zukunft erwarten wir nicht viel, außer der nächsten Krise. Doch wir bleiben seltsam gelassen. Obwohl es keinen Fahrplan gibt, glauben wir, dass wir schon irgendwie am Ziel ankommen werden. Wir werden das schon schaffen, haben nur keine Ahnung, wie.

Wir definieren das gute Leben neu: Wir träumen nicht von »immer mehr« und materiellem Überfluss, fürchten uns aber auch nicht vor existenzieller Not, sondern sind glücklich und zufrieden, wenn wir gelassen leben können. Bei Mittelschichtskindern, die bei roten Kontoziffern notfalls ihre Eltern anpumpen können, ist diese materielle Unbekümmertheit sicherlich stärker ausgeprägt als bei Arbeiterkindern, die immer noch eher auf eine solide Berufswahl achten. Aber trendmäßig lässt sich beobachten: Wir jagen nicht dem nackten Konsum und der dicken Knete hinterher. Lieber suchen wir ein bescheidenes Glück im Hier und Jetzt.

Das klingt sonderbar für eine Generation, der aalglatter Karrierismus und Konsumgeilheit vorgeworfen werden. Wir sind in der Tat hedonistische Wesen, die mit ihrer Konsumlaune unzählige Coffee Shops, H&M-Stores und neuerdings Bubble-Tea-Läden am Laufen halten. Gleichwohl ist unsere Einstellung zum Leben durchdrungen von postmateriellen

Idealen, von der Sehnsucht nach Freiheit, Selbstbestimmtheit und Verlässlichkeit. Wir sind pragmatisch, aber nicht angepasst. Dem Kapitalismus können wir einiges abgewinnen. Planwirtschaftliche Utopien liegen uns fern. Wir glauben an den Markt. Wir glauben aber nicht, dass es auf dem Markt gerecht zugeht. Fleiß und Leistung stehen bei uns hoch im Kurs, aber der Spaß darf nicht zu kurz kommen. Wir wollen das Leben intensiv genießen. In einer Zeit, in der die Berufswelt brüchig wird, sind uns Familie und Freunde umso wichtiger.

Unbekümmert tun viele junge Leute, worauf sie wirklich Lust haben, weil sie – so blauäugig das auch erscheinen mag – nicht nur an das verlässliche Einkommen denken. Lieber drehen wir Filme, mit denen wir bestimmt irgendwann ganz groß rauskommen, und halten uns währenddessen mit Kellnern über Wasser – statt der soliden Banklehre, die uns Papa »einzubläuen« versuchte. Hauptsache, es reicht fürs WG-Zimmer und die Clubnacht am Wochenende. Mehr brauchen wir gar nicht.

Die Überzeugung ist uns ins Blut übergegangen, dass wir uns auf den Sozialstaat nicht mehr verlassen können und für uns selbst sorgen müssen. Einerseits betrachten wir es als selbstverständlich, schon vom ersten Gehalt – und oft schon davor vom Konto der Eltern – ein paar Euro für den Renten- oder Bausparvertrag abzuzwacken. Andererseits ist es uns fremd, uns richtig um das Dasein sorgen zu müssen. Wir hatten immer eine warme Wohnung, genug zu essen, ein schnelles Internet. Wir sind vielmehr gar nicht in der Lage, uns echte Sorgen zu machen. Unser Urvertrauen verspricht, dass es uns schon irgendwie gutgehen wird. Uns ist nur etwas schleierhaft, wie.

In einer Gesellschaft, in der ökonomischer Druck um sich greift, sind wir bescheidener geworden. Unser Ideal ist nicht das große Geldmachen. Sinnfreie Kapitalakkumulation ist nicht unser Ding. Sorgenfrei und selbstbestimmt leben zu können ist für uns wichtiger, als viel zu verdienen. Wir stecken lieber beim Gehalt zurück, wenn dafür das Einkommen verlässlich ist oder wir den Beruf mit unserem Leben vereinbaren können. Wichtiger als der fette Reichtum sind uns Freiheit, Selbstverwirklichung und nicht zuletzt Geborgenheit. Gut leben statt viel haben – wer hätte gedacht, dass diese Utopie verträumter Umweltbewegter sich gegenwärtig über den Umweg der Kapitalismuskrise zu verwirklichen andeutet?

Wir sind: die prekäre Generation

Wer heute Ende zwanzig oder jünger ist, der ist in einer Zeit aufgewachsen, in der sich die traditionelle Wohlstandsgesellschaft wandelt: Arbeitslosigkeit, stagnierende Löhne, wachsender Niedriglohnsektor, schlecht abgesicherte und mies bezahlte Minijobs, Ein-Euro-Jobs, Befristungen, Leiharbeit, durchlöcherte soziale Netze, demografische Umwälzungen. Der Glaube an eine staatliche Rente ist für uns genauso antiquiert wie das Tippen auf der Schreibmaschine.

Es wird nicht alles schlechter. Wir befinden uns nicht im

Niedergang. Deutschland geht es ganz gut – anders als manchem unserer europäischen Nachbarn. Aber die soziale Spaltung klafft auch hierzulande immer weiter auseinander, und wer arm ist oder Pech hat, dem hilft die Gesellschaft immer weniger. Wer wenig hat, dessen Chancen zum Aufstieg sind geringer als früher. Der Weg zu einem guten Job wird länger und unsicherer. Wir sind im Wohlstand aufgewachsen, aber kaum in der Lage, diesen Wohlstand auch nur zu halten.

Dem Kind reicher Eltern stehen heute alle Türen offen, vom Austauschjahr an einer amerikanischen Highschool über das Praktikum in Japan bis zum Masterstudium, sei es der Betriebswirtschaftslehre oder auch einer »brotlosen« Geisteswissenschaft. Das Kind armer Eltern findet dagegen heute schwerer als früher einen Ausbildungsplatz oder eine ständig bezahlte unbefristete Stelle, und durchs Studium kommt es mangels Unterstützung aus dem Elternhaus ebenfalls nur mühsam. Die soziale Spaltung bleibt nicht ohne Folgen.

Von Kindesbeinen an haben wir erlebt, wie das soziale Netz in Deutschland schrittweise unter Verweis auf Sachzwänge demontiert wurde. Die Erschütterung des Glaubens an steigenden Wohlstand für alle prägt unsere Generation. »Diese Gesellschaft fährt im Fahrstuhl nach unten, und wir sind die Generation des Weniger«, notiert der Soziologe Ulrich Beck. »Der Übergang zu unsicheren Arbeitsverhältnissen ist ein richtiger Generationsbruch.«[9] Wenn wir eine Generation sind, dann: die prekäre Generation. Die Überzeugung, jeder habe eine faire Aufstiegschance, hat ebenso gelitten wie der Glaube, dass Leistung sich lohnt. In unserem Gesellschaftsbild dominiert Ungerechtigkeit statt Fairness.

Eine Studie der Friedrich-Ebert-Stiftung berichtet vom Entstehen einer neuen Unterschicht, die für sich keine Perspektive mehr sieht, sich aus der Gesellschaft ausgegrenzt fühlt und jede Hoffnung auf sozialen Aufstieg verloren hat.[10] Das Deutsche Institut für Wirtschaftsforschung dokumentiert: Die Mittelschicht zerbricht. Nicht nur dass die Anzahl Ärmerer und Reicherer immer weiter wächst – seit zehn Jahren werden ärmere Haushalte auch immer ärmer. Die Schere bei Einkommen und Vermögen geht auseinander. Chancen auf sozialen Aufstieg schrumpfen; die »soziale Mobilität« nimmt ab. Sorgen um die wirtschaftliche Zukunft greifen um sich.[11] Selbst wirtschaftlicher Aufschwung geht an der Mehrheit der Menschen spurlos vorbei, weil der Beschäftigungszuwachs vor allem im Niedriglohnsektor stattfindet und die mageren Lohnzuwächse von der Inflation aufgefressen werden.[12] Über 800 000 Menschen sind auf die Essensspenden der Tafeln angewiesen – ein Drittel der Bedürftigen sind Kinder und Jugendliche.[13] Eine Studie der Bertelsmann-Stiftung meldet ein wachsendes Lohngefälle in Deutschland und eine bedenkliche Zunahme von Niedriglohnjobs, Zeitarbeit, geringfügiger und befristeter Beschäftigung. Die Lohnungleichheit ist inzwischen auf dem Niveau Großbritanniens und anderer Länder, die bei ihrer Beschäftigungspolitik weniger auf sozialen Ausgleich achten. Niedriglöhne wurden in den letzten zehn Jahren in Deutschland sogar so stark beschnitten wie in keiner anderen Industrienation.[14] Obwohl Unternehmensgewinne und Vermögenseinkünfte explodieren, wurden Körperschaftssteuer und Spitzensteuersatz laufend gesenkt, die Vermögenssteuer wurde gestrichen. Zugleich wurden Sozialleistungen gekürzt und Massensteuern wie zum Beispiel die Mehrwertsteuer erhöht, obwohl die Löhne stagnieren.

Guter Lohn für gute Arbeit – das war einmal. Früher reichte ein Gehalt, um eine ganze Familie zu ernähren. Heute brauchen viele Menschen zwei oder sogar drei Jobs, um über die Runden zu kommen. Die Zahl der »Working Poor«, der arbeitenden Armen, nimmt zu. Mitte der neunziger Jahre lebten laut einer Studie des Instituts Arbeit und Qualifikation rund 15 Prozent der Arbeitnehmer an der Armutsgrenze, im Jahr 2008 waren es 21 Prozent. Die Zahl der Mehrfachjobber ist auf 2,5 Millionen Menschen angestiegen, das sind rund sechs Prozent aller Beschäftigten. Die Konzessionsbereitschaft steigt: Immer mehr Menschen sind immer mehr bereit, für Hungerlöhne zu schuften und gesundheitsschädliche Arbeitsbedingungen hinzunehmen.[15] Die Hälfte aller Berufseinsteiger bekommt nur noch einen Job mit Ablaufdatum. Probezeit bis in alle Ewigkeit.

Es gibt extrem viel Reichtum in diesem Land – doch der Reichtum ist immer krasser ungleich verteilt. Die Polarisierung in Reich und Arm vertieft sich. Das obere Zehntel der Bevölkerung häuft immer größere Reichtümer an. Die obersten zehn Prozent der Bundesbürger sitzen auf 56 Prozent des gesamten Vermögens. Die unteren 50 Prozent (!) der Bevölkerung besitzen nur zwei Prozent allen Vermögens – eine unfassbare Vermögenskonzentration. Nur noch 18 Prozent der Deutschen halten die Einkommens- und Vermögensverhältnisse für gerecht, so eine repräsentative Umfrage. Fast die Hälfte der Bundesbürger findet allerdings, es sei müßig, über soziale Gerechtigkeit zu streiten – die Verhältnisse ließen sich ohnehin nicht ändern.[16] Dieser grassierende Fatalismus gefährdet die Demokratie: Wofür lohnt sich Engagement, wenn sich sowieso nichts ändern lässt?

Die Jungen sind vom scheinbar unaufhaltsamen Kurs der sozialen Polarisierung und Prekarisierung am wenigsten verschont. Selbst frisch gebackene Akademiker mit exzellenter Ausbildung müssen sich öfter als in der Vergangenheit durch schlecht bezahlte und unsichere Beschäftigungsformen notdürftig über Wasser halten, anstatt in einen regulären Arbeitsplatz einsteigen zu können.»Keiner Studierendengeneration wurde bisher der Berufseinstieg so schwer gemacht«, dokumentiert eine Studie im Auftrag des DGB.[17]

Der Missbrauch von billigen Praktika, um reguläre Vollzeitstellen wegzurationalisieren, ist nur die Spitze des Eisbergs. Drei von zehn jüngeren Arbeitnehmern unter 35 Jahren arbeiten unter prekären Bedingungen wie Leiharbeit, Werkverträgen oder Befristungen. Bei Berufseinsteigern unter 24 Jahren sind sogar vier von zehn in prekären Jobs. Mehr als jeder dritte jüngere Beschäftigte musste bereits den Arbeitsplatz ungewollt wechseln. Fast jeder Dritte war schon mehr als sechs Monate arbeitslos. In der Finanzkrise verloren jüngere Beschäftigte sechsmal häufiger ihren Job als ältere.[18] »Die fetten Jahre sind vorbei – für die Jungen«, fasst der Tübinger Generationenforscher Prof. Jörg Tremmel die Situation zusammen.[19]

Die soziale Kluft treibt einen Keil in die junge Generation. Der Shell-Studie zufolge hat sich die persönliche Zuversicht unter den 12- bis 25-Jährigen insgesamt zwar auf 59 Prozent erhöht (2006: 50 Prozent). Der Anstieg beim Zukunftsoptimismus ist allerdings nur den höheren Werten bei sozial privilegierten Schichten zu verdanken. Bei Jugendlichen aus sozial schwachen Familien blicken nur 33 Prozent zuversichtlich in die Zukunft.[20] Wer reiche Eltern hat, fühlt sich heute besser als früher, wer arme Eltern hat, hingegen schlechter. Eine ganze Generation spaltet sich in Gewinner und Verlierer. Der Anteil der sozial abgehängten Jugendlichen wird auf zehn Prozent bis 15 Prozent beziffert. Aggression, Frust, Lethargie und Verweigerung werden für sie zur Normalität. Professor Michael Schulte-Markwort vom Uni-Klinikum Hamburg registriert bereits psychische Folgeerscheinungen: »Die Armut nimmt zu. Das ist ein ganz anderer Druck als der, den etwa eine Abiturientin aushalten muss. Ganze Familien sind von Perspektivlosigkeit betroffen. Die Kinder wachsen in einer Atmosphäre der Hoffnungslosigkeit auf.«[21]

Die Gesellschaft ist sozial kälter geworden. Mehr als die Hälfte der Deutschen fürchtet sozialen Abstieg. Die zerbrechende Mittelschicht grenzt sich von der Unterschicht ab und kultiviert Hass und Feindseligkeit gegenüber Hartz-IV-Empfängern, Arbeitslosen und Ausländern, gegenüber denjenigen also, deren gesellschaftlicher Status noch tiefer steht. In der Hackordnung gibt es immer jemanden, der noch weiter unten ist. Absturzangst, Leistungsdruck und Verachtung für alle, die abgerutscht sind: Milieustudien liefern ein beunruhigendes Psychogramm der jungen Generation.[22] Aber die Quelle feindseliger Einstellungen sind nicht die Jungen selbst, wie Deutschlands bekanntester Gewaltforscher, der

Soziologieprofessor Wilhelm Heitmeyer, erklärt: »Wir beobachten ja immer gern die Jugend, die zum Teil gewalttätig auftritt und Schlagzeilen macht. Dabei sind es die älteren Menschen, die ab 60-Jährigen, die besonders feindselige Einstellungen aufweisen. Das hat Folgen.« Sind Opa und Oma schuld daran, wenn die Enkel Ausländer hassen? Heitmeyer: »Die Einstellung der älteren Generation überträgt sich in vielen Fällen auf die jungen Leute. Denn die Älteren haben bei der Jugend eine hohe Glaubwürdigkeit. Vor dem Hintergrund einer alternden Gesellschaft muss man das genau analysieren.«[23]

Falsche Freiheit: Der flexible Mensch

Der Druck ist gewaltig, sich in einer Welt voller Widersprüche richtig zu entscheiden. Die Erwartungshaltung der Unternehmen ist unfassbar gestiegen. Einerseits sollen wir uns am besten schon vor Schulabschluss für einen Beruf entscheiden, zielstrebig unsere Karriere planen und ohne Umwege straff unsere Ausbildung oder unser Studium durchziehen, andererseits sollen wir stets unsere Berufsplanung dem Arbeitsmarkt anpassen. Einerseits sollen wir Kinder in die Welt setzen, andererseits aber mobil und flexibel bleiben, auch schlecht bezahlte, befristete Einstiegsjobs annehmen, mit denen sich gewiss keine Familie ernähren lässt, und unsere Studienkredite und Bafög-Schulden pünktlich zurückzahlen. Einerseits sollen wir mit 20 anfangen, für die private

Rente zu sparen, andererseits dauern viele Jobs nicht länger als ein Jahr.

Das Karrieremodell der alten Deutschland AG mit vollautomatisierter Aufstiegsleiter bis zum Ruhestand kennen wir nur noch aus den Erzählungen einer anderen, längst verflossenen Ära. Jedes dritte Arbeitsverhältnis dauert heute keine zwölf Monate mehr. In zwanzig Jahren, sagen Wissenschaftler voraus, wird nur noch jeder zweite einen klassischen Vollzeitjob haben. In Zeiten der Globalisierung hat selbst die Festanstellung in einem rentablen Unternehmen ihr Versprechen der Sicherheit eingebüßt, wenn ganze Konzerne in Windeseile umstrukturiert und Tausende Arbeitsplätze von einem Tag auf den anderen ausgelagert werden, nur weil sich so noch mehr Profit herausschlagen lässt, oder den Spekulationen der Finanzmärkte zum Opfer fallen.

Als Kehrseite der Medaille verweigern immer mehr Arbeitnehmer »ihrem« Unternehmen die Treue auf Lebenszeit. Die Karriereplanung wird pragmatischer. Laut Shell-Studie ist die Mehrheit der Jüngeren überzeugt, durch »tatkräftiges Anpacken« und mit »viel Ehrgeiz und Zähigkeit die Dinge in den Griff bekommen« zu können. Ihre Grundhaltung ist bestimmt durch eine starke Leistungsorientierung: 83 Prozent sehen Fleiß als hohen Wert an. 71 Prozent glauben, sich berufliche Wünsche erfüllen zu können.[24] Im Vertrauen auf die eigene Leistungskraft glauben wir, trotz aller gesellschaftlichen Probleme unser persönliches Leben voranbringen und uns in einem fragilen Arbeitsmarkt behaupten zu können.

All die Türen, die uns offen stehen, all unsere neuen

Möglichkeiten bringen aber nichts, wenn eine Tür nach der anderen zugeschlagen, ein Bewerbungsschreiben nach dem anderen abgelehnt wird, der nächste Zeitvertrag noch schlechter bezahlt wird als der letzte. Für viele endet das biografische Universum in einer Sackgasse.

Einen Eindruck enttäuschter Hoffnung und drückender Arbeitgebermacht liefert ein Feldversuch, den Wirtschaftsstudenten an der Fachhochschule Würzburg-Schweinfurt durchführten. Sie fingierten Traumlebensläufe mit exzellenten Abiturnoten, Einser-Diplomen, Auslandsstudium und tonnenweise Praktika. Die Traumbewerbungen reichten sie bei rund hundert Stellenausschreibungen ein. Doch nur viermal wurde der erfundene Top-Bewerber überhaupt zu einem Vorstellungsgespräch eingeladen.[25] Sehr gut ist immer noch nicht gut genug. Doch was zählt, wenn nicht Leistung?

Für Jammern und Protest ist in einer solchen Welt kein Platz. Die subtile Angst vor sozialem Abstieg und die mentale Dauerpräsenz der Prekarität wirken unheimlich disziplinierend. Augen zu und durch: unbezahlte Überstundenberge, befristete Verträge unter Leistungsdruck, miserabel bis gar nicht vergütete Praktika – wir sind uns für nichts zu schade, weil wir von uns selbst erwarten, dass wir Leistung zeigen müssen, um im Leben weiterzukommen. Fleißig sammeln wir Bonuspunkte für unser Lebenslaufleben. Die *Zeit Campus* registriert eine um sich greifende »Vernunftdiktatur«, die zu einem »Lebenslauf-Wettrüsten« zwinge.[26] Die *Neon* etikettiert uns als die »Generation Selbstausbeutung«, die stolz ist »auf ihr Arbeitsethos, ihren Durchhaltewillen und ihre Effizienz. Nur so kann man in der globalisierten Wirtschaft des

21. Jahrhunderts überleben. So ertragen die Selbstausbeuter die Angst, die Einsamkeit und die Müdigkeit, schreiben keine Protestplakate und Beschwerdebriefe.«[27]

In nüchterner Soziologensprache schreibt die Shell-Jugendstudie: »Durch eine Zunahme kultureller und sozialer Spannungsfelder, einer ständig wachsenden Zahl Jugendlicher, die von relativer Armut betroffen sind, und gleichzeitig hohen gesellschaftlichen Erwartungen an Leistung und Qualifikationen wächst der Druck auf Jugendliche.« Doch: »Mit Leistungsanstrengungen und persönlichem Engagement wollen sich die Jugendlichen durch die schwierige Berufs- und Arbeitsmarktsituation bewegen und die eigenen Zukunftschancen sichern.«[28]

Die Studierenden von heute wollen zügig ihren Abschluss machen und arbeiten intensiver für die Uni als früher. Trotz gesellschaftlichem Idealismus gewinnt das Kalkül kalter Kosten-Nutzen-Rechnung der Selbstoptimierung zu passgenauem Firmenfutter an Dominanz. Es ist ein Zynismus unserer Zeit, dass wir Jüngeren die Maxime der Flexibilität, die der amerikanische Soziologe Richard Sennett in *Der flexible Mensch* als zentrale Kategorie des modernen Kapitalismus identifiziert, dermaßen perfekt erfüllen, dass wir uns damit selbst ein Bein stellen, weil wir bereitwillig auch noch so schlechte Arbeitsbedingungen akzeptieren.

Für einige hochqualifizierte Akademiker eröffnet die Erosion der alten Industriegesellschaft durchaus mehr Freiheit: weniger Abhängigkeit und Monotonie, raus aus der Festung der lebenslangen 40-Stunden-Festanstellung. Holm Friebe und Sascha Lobo feiern in ihrem Manifest *Wir nennen es Ar-*

beit diese Laptop-Elite, die dank dem Internet als Lebens- und Einkommensader glücklich werden möchte und kann. Diese modernen und mobilen Wissensarbeiter bevölkern mit ihren MacBooks die urbanen Szenecafés und quartieren sich in den neu gegründeten Coworking-Hubs ein. Mit Projekten im Medien-, Werbe-, Beratungs- und Kulturbereich verbringen sie ihren Tag. Sie bestimmen selbst, wann der Wecker klingelt und welche Aufträge sie erledigen wollen – Hauptsache, sie können davon die Miete ihrer Altbauwohnung und den täglichen Caffè Latte bestreiten. Wie erfüllend diese neue Freiheit sein kann, ist an dem dynamischen Tatendrang zu erkennen, wie er in den Epizentren der Netzarbeiter, wie dem Betahaus in Berlin-Kreuzberg, in der Luft liegt. Arbeit und Freizeit verschwimmen, denn man tut gerne, was man tut. So manche dieser neuen Freiberufler machen den Verlust an Sicherheit und Einkommen wett durch einen Zugewinn an Autonomie und Selbstverwirklichung. Manche träumen gar von einem »positiven Prekariat«, das eigentlich ganz glücklich darüber ist, nicht mehr in den Fesseln der Industriegesellschaft gefangen zu sein.

Für eine privilegierte Schicht von ein paar Programmierern, Werbetextern und anderen Kopfarbeitern mag dieser Traum in Erfüllung gehen. Für die meisten zerfliegt dieser Traum aber derart schnell in Trümmer, dass sie ihn gar nicht erst zu träumen wagen. Das Gros der atypischen Beschäftigungsverhältnisse kann leider keinesfalls als Befreiung von den Zwängen der Industriegesellschaft interpretiert werden. Wenn die ersehnte Selbstbestimmung in fragwürdiger Selbstausbeutung endet und die Ausschreibungen für

Kreativaufträge mit jeder kleinen Konjunkturdelle einen Einbruch erleiden, erkennt auch die digitale Boheme: Es war nicht alles schlecht in der schnöden alten Arbeitswelt.

Die meisten Jüngeren sehnen sich nicht nach dem Dasein als flexibler Wanderarbeiter, der von Projekt zu Projekt, von Job zu Job und von Stadt zu Stadt schweift, sondern bevorzugen einen sicheren Job, auf den sie sich auch noch in zwei Jahren verlassen können. Umfragen unter jungen Erwerbstätigen bescheinigen einen handfesten Zusammenhang zwischen Zufriedenheit im Beruf und dem Beschäftigungsstatus: Festangestellte sind mit ihrem Beruf signifikant häufiger zufrieden (84 Prozent) als Angestellte in befristeten Verträgen oder in Teilzeit (63 Prozent bzw. 57 Prozent).[29] Was junge Menschen tatsächlich an Arbeitsplatzsicherheit verwirklichen, liegt deutlich hinter dem zurück, was sie sich eigentlich wünschen. Weil die Menschen den sicheren Hafen der Festanstellung der zerbrechlichen Freiheit prekärer Beschäftigung vorziehen, gibt es in Regionen mit geringerer Arbeitslosigkeit auch deutlich weniger »atypische« Beschäftigung.[30] Freiheitsgefühle können und wollen sich immer weniger leisten.

Das »schöne Leben jenseits der Festanstellung« (Holm Friebe / Sascha Lobo) funktioniert selbst für die kreative und unternehmerische Elite nur, wenn ein intakter Sozialstaat das Risiko des Scheiterns absichert und eine menschenwürdige Existenz für alle bewahrt. Doch eben dieser Sozialstaat, der einen auffängt, wenn es mit der ökonomischen Selbstbefreiung doch nicht klappt, befindet sich im Prozess der Demontage. Der Traum vom positiven Prekariat, das aus dem Gefängnis der alten Industriegesellschaft ausbricht, ist ausgeträumt, wenn Leistungsbereitschaft in (Selbst-)Ausbeutung abgleitet und auf Leistung keine Gegenleistung folgt.

Wir sind in eine Zeit hineingeboren, in der uns beigebracht wurde, dass wir uns um uns selbst kümmern müssen. Sogar die Prosperität einer Firma versagt als Garant für den Arbeitsplatz, denn solange sich in einem anderen Land mehr Profit machen lässt, schwebt das Damoklesschwert der Standortverlagerung über jedem kapitalgetriebenen Unternehmen. Vom Sozialstaat wissen wir erst recht nichts mehr zu erwarten. Nicht jammern, sondern anpacken, hieß die Losung, auf die wir in der Ära der Macher eingeschworen wurden. In seiner »Aufbruchrede« zur Agenda 2010 sprach Kanzler Schröder ganze 18 Mal von (Eigen-)Verantwortung und 19 Mal von (Wahl-)Freiheit. Die Worthülsen vom freien Bürger dienten aber nur als Legitimationsfassade für fortschreitende Entsolidarisierung, wie Kathrin Hartmann in der *Neon* feststellt: »Weniger Staat« und »mehr Eigenverantwortung« heißt, dass jeder auf sich selbst angewiesen ist und sich auf andere nicht mehr verlassen kann – schon gar nicht auf den Staat. Für das Alter: selber sparen. Für die Gesundheit: selber sorgen. Für sein Überleben: anstrengen. Wer's nicht hinkriegt: selber schuld. Wer Pech hat oder nicht das Kind reicher Eltern ist, der fällt eben raus.

Wenn aber jeder nur noch sich selbst der Nächste ist, wenn das Prinzip »Jeder gegen jeden« gilt, wenn jeder seines eigenen Glückes Schmied ist, wie kann sich daraus ein Wir-Gefühl entwickeln? Wie soll in einem Entsolidarisierungsprozess überhaupt etwas Gemeinsames entstehen?

Sorgen um den Arbeitsplatz und schonungsloser Konkurrenzkampf sind keine guten Voraussetzungen für Solidarität. Sich gemeinsam für eine Sache einzusetzen, passt nicht in den Zeitgeist einer Generation, die von Kindesbeinen an gelernt hat, dass es eine gemeinsame Sache gar nicht mehr gibt. Zu lange haben wir uns als beziehungslose Individuen begriffen, eingelullt von der Massenkonsumgesellschaft und desillusioniert von einem Zeitgeist nüchterner Skepsis. Auf solch einem Nährboden können positive Visionen schlechterdings nicht gedeihen.

Warum wir weniger Kinder bekommen

Für manche Alt-68er waren Kinder auch eine Frage des Weltbilds: Entweder sie wollten Kinder bekommen, als Ausdruck der Hoffnung auf eine bessere Welt – dem berühmten Ausspruch von Martin Luther folgend, selbst wenn die Welt morgen unterginge, würde er heute noch ein Apfelbäumchen pflanzen. Oder aber sie wollten keine Kinder bekommen – weil man in diese schlechte Welt doch keine Kinder setzen dürfe.

Dieses Weltbild haben wir Jungen längst abgestreift. Für uns ist die Frage »Kinder – ja oder nein?« eine ganz private Entscheidung. Viele von uns möchten Kinder und suchen ihr Glück in der Familie. Andere entscheiden sich bewusst gegen Kinder, weil sie ihr Glück in Unabhängigkeit und beruflicher Selbstverwirklichung suchen. Weil sich daher weniger junge

Paare zu Kindern entschließen, unterstellen uns die Alten gerne, wir seien egoistisch, karrieregeil und spaßfixiert, feige und bequem, wir seien in den Gebär- beziehungsweise Zeugungsstreik getreten.

Nichts ist falscher als das. Familie und Kinder sind uns wichtig. Laut Shell-Jugendstudie sind 76 Prozent der Jugendlichen der Ansicht, dass man für ein glückliches Leben eine Familie braucht, und 69 Prozent möchten eigene Kinder. Es muss also Gründe geben, warum viele Menschen ihren Kinderwunsch nicht verwirklichen, obwohl sie eigentlich gerne Kinder hätten.

Früher hat man Kinder einfach bekommen; heute kann man Kinder planen. Wir möchten verantwortungsvoll für unsere Kinder sorgen – und entscheiden uns deswegen, unseren Kinderwunsch auf später zu verschieben. Dank sicherer und gut zugänglicher Verhütungsmittel sind Kinder heute in der Regel nicht mehr das ungewollte Ergebnis sexuellen Kontakts, sondern eine bewusste Entscheidung. Aus dieser neuen Planbarkeit entstand die kulturelle Norm der »verantworteten Elternschaft«, erläutert der Familiensoziologe Franz-Xaver Kaufmann:[31] Die Gesellschaft erwarte – und die jungen Menschen erwarten von sich selbst –, dass Paare nur so viele Kinder bekommen, wie sie gut versorgen können. Wer Angst haben muss, seine Familie nicht ernähren zu können, wird sich davor hüten, Nachwuchs zu bekommen. Die Entscheidung für Kinder fällt somit erst dann, wenn man sich diesen Anforderungen stellen möchte und kann.

Das ist eine sehr verantwortungsvolle Einstellung. Nur führt sie dazu, dass Kinderwünsche immer weiter aufgeschoben werden. Rund 90 Prozent aller unter 23-Jährigen und rund die Hälfte aller 24- bis 29-Jährigen fühlen sich zu jung für Kinder, obwohl sie sich mehrheitlich Nachwuchs wünschen. Nur wenige Jahre später fühlen sich die meisten schon wieder zu alt für Kinder. Das subjektive Zeitfenster, das junge Menschen als geeignet für Elternschaft empfinden, ist also mit nur fünf bis höchstens acht Jahren äußerst eng.[32] In dieser »Rush-Hour des Lebens« müssen junge Menschen viel bewerkstelligen: Sie müssen den passenden Partner finden, Ausbildung oder Studium abschließen, sich im Beruf etablieren und materiell auf festen Beinen stehen. Doch die lange ökonomische Abhängigkeit von den Eltern, lange Schul-, Ausbildungs- und Studienzeiten, Lehrstellenmangel, der Trend zu prekärer Beschäftigung und die schlechte Vereinbarkeit von Beruf und Familie verzögern den »Nestbau« derart, dass das Zeitfenster schon vorbei ist, noch ehe es richtig angefangen hat.

Gerade Jüngere bräuchten verlässliche Zukunftsperspektiven, argumentiert der Soziologe Ulrich Beck, »weil sie in einer Phase sind, in der man Sicherheit braucht, um eine Familie zu gründen. Der Knackpunkt ist dann erreicht, wenn sich die eigenen Hoffnungen auf Partnerschaft, auf Kinder, auf all das, was man eigentlich auch haben will, nicht mehr verwirklichen lassen.« Die Regierungspolitik sei aber »skandalös widersprüchlich«: »Man will Familien und den vollflexiblen, vollmobilen Arbeitnehmer, also den vollmobilen Vater, die vollmobile Mutter. Kann mir jemand verraten, wie sie die Kinder in die Welt setzen sollen?«[33]

Früher war der Lebenslauf klar vorstrukturiert: Schule –

Ausbildung – Heirat – Kinder. Heute leben wir in einer pluralen Gesellschaft, in der individuelle Selbstentfaltung einen hohen Stellenwert besitzt. Im »biografischen Universum« (Herwig Birg) ist Familie nicht mehr selbstverständlich, sondern konkurriert mit einer bunten Palette anderer Lebensformen, die mehr Freiraum und Unabhängigkeit versprechen, man denke an das Leben als Single oder an Lebensgemeinschaften ohne Kinder. Dass auch kinderlose Lebensformen Glück bedeuten können, sagen heute zwei Fünftel der Deutschen. Die Gründung einer Familie ist daher – trotz deren ungebrochen hoher Wertschätzung – nur noch eine Option unter vielen.[34]

In einer individualisierten und liberalen Gesellschaft werden auch Partnerschaften instabiler. Wer eine Familie gründet, bindet sich langfristig, muss aber gleichzeitig gerade in einer unsicheren Gesellschaft auf die Stabilität der Partnerschaft vertrauen können. Gemeinsame Lebensläufe sind schwerer zu realisieren. Singles sind länger auf der Suche nach dem »richtigen« Partner, daher wird seltener und später geheiratet. Wenn aber ein verlässlicher Partner fehlt, sind Kinderwünsche schlechterdings nicht zu verwirklichen. Auch die Ehe gilt bekanntermaßen nicht mehr, bis dass der Tod sie scheidet. Das Risiko, den Sprössling allein aufziehen zu müssen, verschärft sich. Vor allem der Mut junger Frauen, sich für Kinder zu entscheiden, schwindet verständlicherweise.

Kind und Karriere – beides geht in Deutschland immer noch schwer zusammen. Der Gleichstellungsknick kommt spätestens beim ersten Kind. Wenn eine Frau Kinder will, muss sie ihren Beruf meistens wohl oder übel zurückstellen. Nicht nur, dass berufstätige Frauen schnell als Rabenmütter abgestempelt werden. Mit der vielgepriesenen Vereinbarkeit von Familie und Beruf tun sich die meisten Unternehmen noch immer schwer. Familienverträgliche Arbeitszeiten sind dünn gesät.[35] Die Folge: Nur 22 Prozent der Frauen hierzulande glauben, Familie und Beruf gut vereinbaren zu können – im Gegensatz zum geburtenstarken Frankreich, wo 62 Prozent der Frauen diesen Eindruck haben.[36] Immerhin kommt der Ausbau der öffentlichen Kinderbetreuung voran: Reichten die Betreuungsplätze in Westdeutschland noch 2006 für nur 8 Prozent der Kleinkinder, hat sich das Angebot auf gut 17 Prozent im Jahr 2010 verdoppelt.[37]

Der Trend zu weniger Kindern birgt auch Chancen. Wenn Eltern nicht mehr drei oder vier Kinder versorgen müssen, sondern nur noch eines oder zwei, können sie ihrem Nachwuchs eine bessere Ausbildung finanzieren. Wenn mit den Kinderzahlen auch die Schülerzahlen sinken, können die dadurch eingesparten Milliardenbeträge für eine bessere Ausstattung der Schulen verwendet werden. Eine sinkende Geburtenrate ist Teil der Lösung für viele Probleme. Der scheinbare Egoismus der Kinderlosen könnte sich so als eigentlicher Altruismus erweisen. Viele junge Menschen wollen Kinder, doch nicht bei allen sind Kinder zwangsläufig ein Teil des Lebensplans. Warum auch?

Facebook ist nicht der Untergang des Abendlandes

Täglich lese ich Dutzende triviale Posts auf Facebook. Es gibt Bilder aus dem Urlaub und von peinlichen Partymomenten, auf Pinnwänden werden Smileys oder Herzchen hinterlassen, man erfährt von Stinkesocken und wer wen »ganz doll lieb hat«, und jede Änderung im Beziehungsstatus ist per Mausklick sekundenschnell verbreitet.

Facebook ist gleichsam zur Startseite des Internets avanciert. Kulturpessimisten klagen über das Dauergequassel der digitalen Selbstdarsteller, die unentwegt Banalitäten in den virtuellen Raum senden. Tiefgründige, authentische Gespräche von Mensch zu Mensch würden ersetzt durch sinnentleerte, anonyme Dauerkommunikation. Diese kulturlose Internetgeneration, die den Unterschied zwischen Öffentlich und Privat verlernt hat und ihr Privatleben schamlos im Netz entblößt!

Das intellektuelle Niveau auf Facebook schwebt tatsächlich bisweilen knapp über der Grasnarbe, und bei jungen Leuten absorbiert das soziale Netzwerk viel Zeit und Aufmerksamkeit. Aber Facebook ist nicht der Untergang des Abendlandes. Man braucht oberflächliche Befindlichkeitsmeldungen nicht als kulturell wertlos oder intellektuell minderwertig zu verurteilen. Klatsch und Tratsch sind Bestandteil des Lebens; das Internet ist nur ein Abbild der Realität. Wetter, Essen, Party, Urlaub, Beziehungen sind auch außerhalb des Netzes die Themen, um die sich der Small Talk dreht. Auch das Niveau des Kaffeekränzchens im Seniorenheim ist nicht die Reinform der Hochkultur abendländischer Zivilisation. Dennoch käme niemand auf die Idee, Kaffeekränzchen als inhaltsleer und niveaulos abzukanzeln. Unsere Kaffeekränzchen und Stammtische sind virtuell. Banales Alltags-Blabla ist der Stoff, der soziale Netzwerke sozial macht. Für die Oma sind die Status-Updates ihrer Enkel von großem Interesse, egal wie trivial sie sein mögen. Der Partner in der Fernbeziehung rückt durch Facebook näher, mag man auch noch so viele Stunden miteinander skypen. Letztlich ist jeder Newsfeed genauso intellektuell attraktiv wie der Bekanntenkreis, mit dem man sich auf Facebook vernetzt – wie im »richtigen« Leben auch. Das gemeinsame Bier mit Freunden wird es weiterhin geben und ist durch keine Online-Community zu ersetzen.

Dank Facebook sitzen wir abends nicht mehr unproduktiv vor dem Fernseher, sondern interagieren mit Menschen – wenngleich virtuell, überbrücken wir Distanzen innerhalb eines größeren Bekanntenkreises. Wir erfahren, was den Menschen um uns herum wichtig ist, schauen empfohlene Videoclips, lesen die verlinkten Blogs und Artikel. Das ist sozial und kulturell vermutlich reizvoller, als sich von der neuen RTL-Show berieseln zu lassen.

Es wird eine Zeit nach Facebook geben. Auch andere Internetmonopolisten wie AOL oder Myspace sind untergegangen. Bis dahin muss die Devise lauten: Übernehmen wir die Macht über Facebook! Es ist höchste Zeit, die sozialen Netzwerke zu kapern und zur politischen Waffe umzufunktionieren. Nichts kann schneller mehr Menschen mobilisieren als das Internet. Zum Nulltarif können wir über das Internet eine kritische Gegenöffentlichkeit schaffen.

»Das soziale Netzwerk ist das effektivste Politikwerkzeug seit der Erfindung von Flugblatt und Kalaschnikow, weil sich Einzelpersonen und kleinen Gruppen plötzlich Möglichkeiten eröffnen, die früher Medienmogulen und Diktatoren vorbehalten waren: mit einer Zielgruppe von maximal 200 Millionen Menschen zu kommunizieren«, schreibt der Kommunikationswissenschaftler Tobias Moorstedt. »Revolutionäre lesen nicht mehr das Handbuch der Stadtguerilla, sondern die FAQ von Facebook.«[38]

Diese Laudatio ist sicherlich überhöht. Selbst eine Facebook-Gruppe mit hunderttausend Mitgliedern löst noch keinen Handlungsimpuls aus: Vielmehr dienen Facebook-Gruppen als Identitätsmarker, um sich öffentlich zu einer Sache zu bekennen – wie das Logo auf dem Fußballtrikot, auch wenn man selbst nicht unbedingt Fußball spielt. Facebook kann jedoch schlagkräftig genutzt werden, um Informationen zu verbreiten, Ideen und Slogans zu generieren, Events zu organisieren, Links und Videos zu streuen und so weiter. Der Mehrwert von Facebook liegt in der gegenseitigen, blitzschnellen Vernetzung. Von einem angeblichen »Clicktivism« nach dem Motto »alle klicken, keiner kommt«, der den Straßendemos die Teilnehmer abspenstig machen würde, ist jedenfalls nichts zu spüren. Ganz im Gegenteil: E-Mails und Facebook sind die wirksamsten Kanäle, um Menschen für eine Straßendemo zu mobilisieren. Durch den sozialen Community-Charakter erreicht Facebook selbst viele sonst eher unpolitische Menschen, weil sie über die Posts von Bekannten mehr oder weniger zufällig auf politische Inhalte stolpern. Auf die bekannte Aktionsplattform Campact.de gelangt inzwischen jeder zweite Besucher über Facebook. Übrigens: Auch viele ruhmreiche 68er haben kaum mehr gemacht, als ihren Namen auf eine Unterschriftenliste gegen Mittelstreckenraketen zu setzen; nichts anderes geschieht heute durch Online-Petitionen und Like-Buttons im Internet, nur eben ohne Kugelschreiber.

Wer online und offline als Gegensätze begreift, hat das Internet nicht verstanden. Die arabische Revolution ist zwar nicht von Twitter ausgelöst worden. Aber Twitter half den tunesischen Oppositionspolitikern, ihre Standpunkte und Kommentare ungefiltert in alle Welt zu senden. Facebook machte die Zensur der Medien erfolglos: Das Regime konnte Berichte über Proteste nicht mehr unterdrücken oder als feindliche Propaganda abtun, weil die eigenen Freunde auf Facebook davon erzählten – oft mit Videos oder Bildern hinterlegt, die sie selbst mit ihren Handykameras aufgenommen hatten. Die Demonstranten glorifizierten das Internet gewiss nicht als Heilmittel oder Revolutionsersatz; sie gingen auf die Straße – und nahmen ihr Smartphone mit.

Der Aufstand gegen die in »Zensursula« umgetaufte Ministerin Ursula von der Leyen und die Massenpetition gegen die Einführung von Netzsperren wären ohne Facebook und Twitter nicht vorstellbar gewesen. Über die Plattform »GuttenPlag« taten sich im Handumdrehen Tausende Bürger zusammen, um in Kleinarbeit die Doktorarbeit des anständigen Adligen als hanebüchenes Plagiat zu enttarnen. Trotz des dreisten Betrugs solidarisierte sich auf Facebook eine riesige Fangemeinde mit Guttenberg. Und nach dem Atomunglück in Fukushima brachten Zigtausende Bürger das Anti-Atom-Logo auf ihrem Profilbild an und zeigten so Gesicht gegen Atomkraft. Seit ein Youtube-Video über den ugandischen Kriegsverbrecher Kony sich über die sozialen Netzwerke binnen einer Woche über 100 Millionen Mal in alle Welt verteilte, wurden die Machenschaften des Warlords plötzlich nicht nur Thema in Schulklassen, sondern auch in den ARD-Tagesthemen. Facebook ist kein apolitischer Raum, sondern dort wird Politik gemacht.

Jeder hat ein Recht auf Desinteresse – auch an Facebook, Twitter & Co. Wer keine Lust auf Facebook hat, soll es bleibenlassen: Hauptsache ist, man kennt die Netzwerke und entscheidet sich bewusst dafür oder dagegen. Wer aber netzaffin ist und politisch aktiv werden möchte, kommt schon wegen der Größe und der Wachstumskurve des sozialen Online-Netzwerks nicht umhin, Facebook als politische Waffe einzusetzen. Inzwischen sind elf Millionen Deutsche auf Facebook registriert, und die Mitgliederzahlen steigen weiter steil an. Facebook avanciert zum Mobilisierungstool Nummer eins.

Das Web 2.0 macht es möglich: Niemand braucht mehr auf der Ersatzbank zu sitzen. Jeder kann mitmachen – an jedem Ort, zu jeder Zeit. Online-Aktivismus braucht keine Tagesordnungen, keine Vorstandswahlen und keine Antragskommissionen. Das Internet ist eine Chance, mehr Demokratie zu wagen. Aber es ist auch eine Gefahr: Unsere Privatsphäre steht auf dem Spiel.

Das Leben der Anderen 2.0

Stasi war gestern: Mit jedem Klick bei Facebook, Google, Amazon, Zalando & Co. werden Daten über uns gespeichert. Daraus lassen sich detaillierte Persönlichkeitsprofile erstellen. Google speichert die IP-Adresse jedes Computers zusammen mit den Suchanfragen neun Monate lang. Der private Handel mit den Kundendaten blüht. Doch weil die Internetportale bequem und praktisch sind, geben wir unsere Daten gutgläubig weiter – nicht wissend, was damit passiert und wer sie in die Hände bekommt. Wir machen uns bereitwillig zum gläsernen Konsumenten. Wenn wir darüber nachdenken, ist uns dabei nicht ganz wohl. Aber im Alltag zählt für uns der unmittelbare Mehrwert der Internetportale mehr als der Widerwille, persönliche Daten preiszugeben.

Beim Stasi-2.0-Allmachts-Größenwahn von Mark Zuckerberg kann es einem unwohl werden. Facebook weiß alles, kennt jedes Status-Update, jedes hochgeladene Foto, jede Nachricht, jeden Chat, jeden Kommentar. Wer Facebook regelmäßig nutzt, von dem kann der kalifornische Konzern ein vollständiges Persönlichkeitsprofil erstellen, einschließlich detaillierter intimer Daten. Und keiner weiß, was Facebook mit den Daten macht. Selbst Löschen hilft nicht weiter, weil Facebook auch gelöschte Informationen unverändert speichert. Der Jurastudent Max Schrems aus Wien hat die irische Aufsichtsbehörde eingeschaltet, die für den Datenschutz von Facebook in Europa rechtlich zuständig ist, und über diesen Umweg die Herausgabe aller über ihn gespeicherten Daten erzwungen: Aus Kalifornien bekam er eine CD zugeschickt, darauf eine 493 MB große Datei, ausgedruckt ein dickes Dokument mit 1222 Seiten. Inzwischen haben österreichische Studenten 22 Anzeigen wegen Verstoß gegen Datenschutzgesetze eingereicht. Seither ermitteln die Behörden. Die deutsche Verbraucherschutzministerin Ilse Aigner hatte sich zuvor lediglich über die arrogante Allmachtsattitüde des Konzerns erbost, aber jenseits von Symbolpolitik nichts unternommen. Da mussten erst Studenten den Finger in die Wunde legen. Vielleicht wusste die Ministerin es einfach nicht besser: In ihrem Ministerium gibt es nur ein einziges Referat, das für »Neue Technologien« zuständig ist, dafür fünf, die sich mit Forstwirtschaft beschäftigen.[39] Schlechte Karten für den Primat der Politik im virtuellen Raum.

Doch auch der Staat greift immer stärker in die Privatsphäre seiner Bürger ein. Freiheitsrechte werden unter dem Vorwand von Kriminalitäts- und Terrorismusbekämpfung leichtfertig geopfert. Der Bürger steht zunehmend unter dem Generalverdacht des potenziellen Schwerverbrechers. Die neuen Technologien ermöglichen eine Rundumüberwachung in Orwell'schem Ausmaß.

Das Gesetz zur Vorratsdatenspeicherung von 2007 verpflichtete Konzerne wie Telekom, O_2 und Vodafone, *alle* Verbindungsdaten *aller* Kommunikationsvorgänge *aller* Kunden über Telefon, Handy und Internet für sechs Monate zu speichern und den Behörden zur Verfügung zu stellen. Der Staat verschaffte sich Zugriff auf Informationen, wer wann mit wem telefonierte, mailte oder eine SMS schrieb. Die Vorratsdatenspeicherung spionierte vorsorglich alle Bürger aus – jeder ist verdächtig. Erst das Bundesverfassungsgericht stoppte die Datensammelei, nachdem über 34 000 Menschen die größte Verfassungsklage der Geschichte eingereicht hatten. Inzwischen hat das Max-Planck-Institut für Strafrecht nachgewiesen, dass die Vorratsdatenspeicherung keinen positiven Effekt für die Strafverfolgung hat und daher sinnlos ist.[40] Noch immer wollen einige Politiker das nicht wahrhaben.

Auch das geheime Auskundschaften von Computern mittels Spionagesoftware musste erst von den Verfassungswächtern in die Schranken gewiesen werden. Die Behörden wollten mit einem sogenannten Trojaner private Computer auskundschaften, ohne dass der Nutzer davon etwas mitbekommt. Diese Art der Überwachung ist besonders heikel, weil wir alle auf unseren Festplatten zahlreiche intime und persönliche Daten speichern, wie E-Mails, Terminkalender, Kontovorgänge, Fotos, Videos, Manuskripte usw. Mit der Spionagesoftware könnten staatliche Fahnder sogar ferngesteuert die Webkamera aktivieren und so unbemerkt die heimische Wohnung oder den Arbeitsplatz filmen. Inzwischen haben Hacker aufgedeckt, dass staatliche Behörden die Trojaner-Software in mehreren Fällen einsetzten – unter Verstoß gegen die Auflagen des Bundesverfassungsgerichts. Seitdem beschäftigen sich Gerichte mit dem Überwachungsskandal.

Das ACTA-Abkommen sah eine weitere Attacke auf die Privatsphäre vor. Das unter Ausschluss von Parlament und Öffentlichkeit verhandelte Geheimabkommen sollte die Staaten verpflichten, Urheberrechtsverletzungen im Internet zu kontrollieren. An sich ist das nicht falsch, aber die

Kontrolle darf nicht so weit gehen, dass die Internetprovider dazu genötigt werden, den kompletten Datenverkehr ihrer Kunden zu überwachen. Grundfreiheiten und Privatsphäre für die Bekämpfung von Bagatelldelikten aufzuweichen ist nicht akzeptabel. Inzwischen haben die deutsche und einige andere Regierungen erklärt, das Abkommen doch nicht unterschreiben zu wollen, nachdem Proteste in Großstädten und im Internet die Öffentlichkeit wachgerüttelt hatten. Die Politik ist vorsichtig geworden gegenüber der außerparlamentarischen Netzopposition – und ihrem parlamentarischen Arm, der Piratenpartei.

Überall werden Freiheitsrechte des Bürgers beschnitten und staatliche Kontrollbefugnisse ausgeweitet. In der Wikipedia findet man unter dem Artikel »Überwachungsstaat« eine Fülle an Beispielen. Insgesamt wurden in den vergangenen zwölf Jahren rund 160 Sicherheitsgesetze verschärft.[41] Wer nichts zu verbergen hat, hat auch nichts zu befürchten? Fehlanzeige! Der Übergang vom Bürger zum Staatsfeind ist fließend. Sogar wer unwissend oder unwillentlich mit einem Verdächtigen nur Kontakt hatte, gerät in das Raster der Fahnder. Die Bedrohungskulisse der Terrorgefahr wird als willkommener Deckmantel für einen umfassenden Grundrechteabbau missbraucht. Sobald Daten verfügbar sind, wachsen die Begehrlichkeiten: Selbst wenn die digitale Überwachung nur für Ermittlungen gegen terroristische Banden gedacht ist, werden Behörden und Politiker bald nicht mehr einsehen, warum die ohnehin zugänglichen Daten nicht auch in anderen Fällen, etwa bei Bagatelldelikten wie illegalen Musikdownloads, genutzt werden sollen.

Ein Gebot der Hacker-Ethik besagt: »Private Daten schützen, öffentliche Daten nützen.« Die gegenwärtige Politik verkehrt diese Maxime in ihr Gegenteil: Privatsphäre und bürgerliche Freiheiten werden rückgebaut und öffentliche Daten unter Verschluss gehalten. Nicht einmal eine Datenbank mit allen Gesetzen, die wir doch als Bürger kennen und befolgen sollen, ist frei im Internet abrufbar. Eine souveräne Netzpolitik, die sich dem Datenschutz bei Online-Netzwerken und Einkaufsportalen widmet, existiert praktisch nicht. Eine wesentliche Erklärung dafür: Die Politiker verstehen nichts vom Internet. Und erst recht verstehen sie nicht, wie diese junge Generation tickt.

Der digitale Generationenkonflikt entbrennt

Die Jugendlichen von heute eint ein digitales Lebensgefühl: »Hab ich auf Facebook gepostet«, »Lädst du das auf Youtube hoch?«, »Muss ich bei Wikipedia nachschauen« – Aussagen, bei denen viele Ältere ins Grübeln geraten, gehören für die junge Generation zum Alltag. Die digitalen Eingeborenen, die »Digital Natives« (Marc Prensky), sind mit dem Internet groß geworden. Für sie sind digitale Informations- und Kommunikationsmedien ein selbstverständliches Kulturgut. In ihrem virtuellen Lebensraum wollen sie sich genauso frei, geschützt und ungestört bewegen können wie in ihrer Wohnung oder auf öffentlichen Plätzen.

Die Gesetze, welche diesen Lebensraum regulieren, werden allerdings maßgeblich von einer soziokulturell anders geprägten, älteren Generation gemacht: von digitalen Einwanderern, den »Digital Immigrants«. Deren Verständnis der sogenannten neuen Medien erschöpft sich bisweilen in der Fähigkeit, eine E-Mail zu verschicken. Für sie ist das Internet kein heimischer Lebensraum, sondern eine unheimliche, fremde Sphäre, die schuld daran ist, dass die Jugendlichen zu vereinsamten Nerds mutieren. Kürzel wie LOL oder OMG sind für Jüngere keine erklärungsbedürftigen Chiffren. Bei vielen Älteren wird es hingegen schon bei Termini wie »Firefox« oder »Blogs« kryptisch. Jugend und Politik bewegen sich in Parallelwelten.

Die zentralen Fragen der Internetgesellschaft suchen nach neuen Antworten. Doch sie werden von einer Generation verhandelt, die sich ihre E-Mails ausdrucken lässt. Im Bundestag sitzen maximal zehn Abgeordnete, die sich mit dem Netz wirklich auskennen. Unter denen herrscht eine harmonische Stimmung. Das Problem sind die anderen 610 Abgeordneten, deren Horizont mal mehr, mal weniger weit reicht. In der Blogosphäre ist das Schmähwort der »Offline-Politiker« verbreitet, die weder das Netz noch das Lebensgefühl der Jungen verstehen und von deren ahnungslosen Ambitionen zur Netzregulierung junge Menschen sich schlicht unverstanden, netzaffine Computerarbeiter sich sogar regelrecht bedroht fühlen.

Die Politik lässt keine Chance ungenutzt, um ihre totale Ahnungslosigkeit zur Schau zu tragen. Als die CDU mit einer »Media Night« ihre Internetkompetenz demonstrieren wollte, ging der Anbiederungsversuch nach hinten los.

»Angenommen, das Internet ist voll. Wo sollen die Daten dann zwischengelagert werden?«, fragte eine Reporterin der Satiresendung *Extra3* den Staatsminister Bernd Neumann, der als Beauftragter der Bundesregierung für Kultur und Medien auch für die Netzpolitik verantwortlich zeichnet. »Sie fragen mich jetzt aber auch schwierige Fragen«, antwortete der CDU-Spitzenpolitiker, der den Unsinn der Frage gar nicht begriff. Er sei sich aber sicher, »dass Google ein Konzept hat«. Wenn eine Regierungsspitze so wenig Ahnung hat, kann das mit der Internetdemokratie natürlich nicht klappen.

Die geballte Wut der Netzwelt entzündete sich an einem Gesetz, das man wegen des hehren Anliegens auf den ersten Blick für unproblematisch halten könnte: Laut dem Gesetz zur Bekämpfung der Kinderpornografie in Kommunikationsnetzen sollte auf dem Bildschirm ein rotes Stoppschild eingeblendet werden, sobald ein Nutzer auf einer indizierten Seite landet, während die Provider (also Speicherplatzanbieter) zur Sperrung der Seiten verpflichtet werden.

Das Vorhaben der populären Ministerin Ursula von der Leyen stieß auf massive Kritik seitens Bürgerrechtlern, Datenschützern, Netzaktivisten und IT-Experten. Unschuldige können zu Opfern der Ermittlungen werden, wenn sich Fremde in den Internetzugang einhacken oder ein Virus bestimmte Seiten automatisch ansteuert. Die wirklichen Täter können dagegen mit wenigen technischen Handgriffen die Stoppschilder leicht umgehen, da das kriminelle Material unverändert im Netz bleibt.

Die Einführung einer Sperrinfrastruktur gefährdet die Freiheit im Netz, weil sie bequem auf andere Inhalte ausgeweitet werden kann, sobald sie erst einmal aufgebaut ist. Die Musikindustrie forderte bereits die Ausweitung der staatlichen Überwachungsapparatur auf urheberrechtlich problematische Tauschbörsen, mehrere Politiker verlangten die Ausweitung auf bestimmte Computerspiele sowie auf Webseiten mit rechtsextremen oder islamistischen Inhalten. »Sobald die Filter bei der Kinderpornographie da sind, werden ganz viele andere auch vor der Tür stehen. Da gibt es heute schon viele, die etwas wünschen: Die einen wollen die Nazis aus dem Netz raushaben, andere wollen alle Urheberrechtsprobleme aus dem Netz raushaben«, sagt der Politikwissenschaftler Markus Beckedahl. »Man mag es diesen Menschen nicht einmal übelnehmen. Wenn ich BKA-Mitarbeiter wäre oder Verfassungsschützer, dann würde ich auch alle Werkzeuge zur Hand haben wollen, die es mir ermöglichen, Verbrecher zu jagen. Das Problem ist nur: Wo ist die Grenze für die Rechtsstaatlichkeit? Immer neue Werkzeuge bedeuten immer neue Begehrlichkeiten. Die rechtlichen Möglichkeiten werden immer mehr ausgeweitet. Und wenn die alten Werkzeuge nichts bringen, brauchen wir neue. Das macht unsere Freiheit immer mehr zugunsten der Sicherheit kaputt. Einige Politiker sind aus meiner Sicht nicht in der Lage, eine demokratische Grenze zu ziehen, was unsere Sicherheitsbehörden dürfen.«[42]

In rasantem Tempo vernetzten sich die Kritiker zu einer digitalen Graswurzelbewegung. Eine spontan von der 29-jährigen Mediengestalterin Franziska Heine eingereichte Online-Petition beim Bundestag wurde von über 134000 Menschen unterzeichnet – die bis dahin erfolgreichste Petition aller

Zeiten. Weitere Online-Petitionen folgten: gegen das Verbot von Action-Computerspielen (über 73 000 Unterzeichner), gegen das Verbot von Paintball (über 35 000 Unterzeichner) und gegen die ungerechte Gebührenpolitik der GEMA (über 106 000 Unterzeichner). Das war kein Strohfeuer, sondern nur der Auftakt einer neuen Bewegung. Zehntausende Individuen fanden zu einem gemeinsamen Projekt zusammen, das keine Parteibücher, keine Mitgliederversammlung und keine Hierarchien kannte. Ihre Losung: »Ihr werdet euch noch wünschen, wir wären politikverdrossen.«

Der Aufstand gegen »Zensursula« wurzelte in einem Generationenkonflikt um die kulturelle Interpretation des Internets. Während Politiker das Internet mit negativ konnotierten Begriffen wie Kinderpornografie, Raubkopien oder Killerspielen assoziieren und als dunklen Hort der Kriminalität begreifen, organisieren junge Menschen längst online Freizeit, Job, Leben – und wollen nicht vom Staat beäugt werden. Der scharfe Ton, mit dem die Debatte bisweilen geführt wurde, und das tief sitzende gegenseitige Misstrauen von Politik und Netzwelt zeigen, wie weit sich die Politik inzwischen vom Lebensgefühl der jüngeren Generation entfernt hat.

Die Politik zelebrierte ihre Ahnungslosigkeit. Bei der CDU glaubten die Netzbürger ohnehin Hopfen und Malz verloren; umso mehr schmerzte die Taubheit der SPD. Parteichef Franz Müntefering brüstete sich damit, noch auf seiner Reiseschreibmaschine zu tippen. Justizministerin Brigitte Zypries musste bekunden, dass sie keinen Schimmer hat, was eigentlich Browser sind (»Browser, was sind denn jetzt noch mal Browser?«).[43] Der sozialdemokratische Nachwuchs versuchte indes ebenso hilflos wie ergebnislos, gegen die Netzsperren zu rebellieren. »Vielleicht ist es einfach nur eine völlig unterschiedliche Wahrnehmung der Realitäten oder tatsächlich bereits der Beginn eines neuen Generationenkonflikts: Aber wir sind uns sicher, dass ihr mit dem Eintreten für ein wirkungsloses Gesetz, das nicht grundlos Zensurängste schürt, selbst unsere treuesten Fürsprecher in der digitalen Welt nachhaltig vergrätzt«, drängten dreizehn Bundestagskandidaten um Ex-Juso-Chef Björn Böhning in einem offenen Brief und warnten vor »der unbegrenzten Gefahr des Verlustes der Glaubwürdigkeit bei einer ganzen Generation«. Im SPD-Online-Beirat legten neun Mitglieder aus Protest ihre Arbeit nieder: »Die SPD ist dabei, sich für die digitale Generation unwählbar zu machen.«[44]

Nach der verlorenen Wahl wandte sich die SPD doch gegen die Netzsperren, und die neue Regierung aus Union und FDP schaffte die Netzsperren kurzerhand wieder ab. In der Praxis zeigte sich rasch: 99 Prozent aller gefundenen kinderpornografischen Seiten konnten binnen weniger Wochen nicht nur gesperrt, sondern wirksam aus dem Netz gelöscht werden.[45] Die digitale Rebellion der Netzbürger hat sich gelohnt.

Ja, wir laden Musik aus dem Netz.
Nein, wir sind keine Verbrecher

Milliardenfach saugen wir Musik, Videos, Bilder, Spiele aus dem Internet – kostenlos, einfach, schnell. Damit verstoßen wir gegen das geltende Urheberrecht – jeden Tag. Eine ganze Generation wird kriminalisiert, so bemerkt der Blogger Marcel Weiß zu Recht, nur weil sie im Netz tut, was ihre Eltern früher auf dem Schulhof gemacht haben: Kulturgüter tauschen.[46]

Die Musikindustrie macht Stimmung gegen uns, die Generation der kriminellen Raubkopierer. Gern würde sie jeden, der eine Musikdatei aus dem Netz zieht, fünf Jahre hinter Gitter bringen – »hart, aber gerecht«. Nach dem Urheberrecht ist aber nur ein Verbrecher, wer gewerbsmäßig Raubkopien vertreibt. Noch nie ist ein deutscher Bürger zu einer Haftstrafe verurteilt worden, nur weil er sich ein Beatles-Album heruntergeladen hat. Es geht um zivilrechtliche Ansprüche: um Geld. Grund genug für die Agenturen und Anwälte der Copyright-Industrie, sich mit horrend teuren Abmahnungen eine goldene Nase zu verdienen. Die Künstler sehen davon keinen Cent.

Lange war das Urheberrecht ein Nischenthema für Juristen, die damit Geld machten, dass die Materie so kompliziert war, dass sie kein normaler Mensch verstand. Nicht zuletzt infolge der Siege der Piratenpartei tobt jedoch inzwischen ein offener Kulturkampf um Moral und Interessen im virtuellen Raum. Selbst der sonst besonnene Sven Regener, Sänger der Band *Element of Crime* und populärer Schriftsteller

(»Herr Lehmann«), machte seinem Zorn über die vermeintliche »Kostenlos-Kultur« Luft, die dem Künstler seinen verdienten Obolus stehle. Seiner Wutrede folgte ein offener Brief aus der Feder von 51 *Tatort*-Autoren, adressiert an »Liebe Grüne, liebe Piraten, liebe Linke, liebe Netzgemeinde«, die auf ihre Rechte pochten, ohne aber irgendeinen Reformvorschlag zu machen. Mit ihrem »Aufruf gegen den Diebstahl geistigen Eigentums« reihten sich rund hundert weitere prominente Musiker und Autoren ein, die ebenfalls bemerkenswert kompromiss- und ideenlos auf dem alten Urheberrecht insistieren. Das *Handelsblatt* lancierte gar eine Kampagne mit dem Slogan »Mein K©pf gehört mir«, um mittels härterer staatlicher Kontrolle das »geistige Eigentum« vor der Plünderung durch die »Netzgemeinde« zu retten, einer scheinbar obskuren Sekte gewissenloser Internetanarchisten – die in Wahrheit aber rund 30 Millionen Bundesbürger versammelt, die sich aktiv im Netz herumtreiben.

Wir fühlen uns nicht als kriminelle Diebe, die den Künstlern ihr Brot und Wasser rauben. Datentausch ist für uns so normal, dass wir nur ein diffuses Unrechtsbewusstsein haben – so, wie man als Fußgänger eine rote Ampel überquert, wohl wissend, dass man das nicht tun sollte. Die Anzahl derer, die illegal und unbedarft Daten im Netz tauschen, stellt die Anzahl der Stimmen für die Regierungskoalition bei der Bundestagswahl weit in den Schatten, worauf Netzaktivisten in einem Gastbeitrag auf *Zeit Online* hinweisen: »Die Abstimmung mit den Füßen über die digitale Reisefreiheit könnte klarer nicht sein.«[47] Das alte Konzept des Eigentums muss neu erfunden werden. Das Urheberrecht hängt der Rechtswirklichkeit nicht etwa nur um Lichtjahre hinterher. Schlimmer noch: Die Lobbyisten einflussreicher Medienkonzerne haben es geschafft, das Urheberrecht sogar zu verschärfen und damit noch weiter von der Lebensrealität eines jeden Internetnutzers zu entfremden.

Aus der Perspektive der User macht es einen Unterschied, ob man ein T-Shirt klaut (das dann nicht mehr da ist) oder ein Kulturgut vervielfältigt (das dann noch da ist). Daher ist auch die Moral des Datentauschs im Netz anders geprägt – schließlich würde sich auch niemand kriminell vorkommen, wenn er eine Kassette überspielt. Auch das war übrigens einmal strafbar; doch weil der Gesetzgeber einsah, dass man unmöglich alle Haushalte kontrollieren kann, stellte er das Überspielen auf Kassetten (und später CDs) für private Zwecke straffrei. Daraus ein Kapitalverbrechen zu konstruieren zeugt von Unverständnis.

Selbst CDU-Hardliner Siegfried Kauder brachte sich in die Bredouille. Jugendlichen, die das Urheberrecht verletzen, will der Vorsitzende des Rechtsausschusses im Bundestag das Internet abdrehen. Mit dem Urheberrecht nimmt er es aber selbst nicht so genau: Auf seiner privaten Homepage hatte der CDU-Politiker, nebenberuflich übrigens Präsident des Bundesverbands der Musikindustrie, mehrere Bilder eines Online-Portals ohne Quellenangabe und ohne Erlaubnis des Urhebers verwendet – und damit gegen das Urheberrecht verstoßen. Als Blogger den Verstoß aufdeckten, erwiderte Kauder kleinlaut, er werde die Bilder zeitnah entfernen.[48] Illegal ist es übrigens auch, wenn für Kindergärten oder Schulen beispielsweise Kinderlieder oder Buchtexte kopiert werden. Jede Lehrerin, jeder Erzieher steht mit einem Bein vor einem Gerichtsprozess, sobald sie oder er eine Seite kopiert. Mit dem »Schultrojaner«, einer Spionagesoftware für Schulcomputer, hat die Copyright-Industrie bereits ihre Kanonen ausgefahren, um diesem frevelhaften Tun auf die Schliche zu kommen.

Über Jahre hinweg machten die großen Musiklabels es ziemlich unmöglich, im Netz legal an Musik und Filme zu kommen. Nachdem ein amerikanischer Student die erste Tauschbörse Napster programmiert hatte, war plötzlich alle Musik jederzeit kostenlos verfügbar (aber illegal). Die Konzerne bekämpften den Widersacher, anstatt eigene, überlegene Angebote zu entwickeln. Als iTunes mit fünf Jahren (!) Verspätung auf den Markt kam, konnte man dennoch kein einziges Lied kaufen, war man nicht im Besitz einer Kreditkarte. So blieb es allein aus diesem Grund nur einem Fünftel der Deutschen vorbehalten, legal online Musik zu erwerben.[49] Unter Jugendlichen sind Kreditkarten erst recht eine Rarität. Gleichzeitig wurden CDs und DVDs mit Kopierschutz versehen, damit kein einziger ehrlich zahlender Kunde sie für Freunde kopieren konnte. Stattdessen luden die Kunden sich lieber kopierschutzfreie Versionen aus dem Internet. So konnte sich die geschmähte Gratiskultur überhaupt erst etablieren. Die Musikindustrie nahm das Internet zunächst nicht ernst und bekämpfte es dann als Bedrohung. Die Popularität des Filesharing ist auch diesem Versagen zuzuschreiben. Eine Studie der University of Minnesota zeigte, dass es nicht in erster Linie Gier und Geiz sind, die zur illegalen Beschaffung von Filmen treiben, sondern die verspäteten Kinostarts außerhalb der USA.[50] Hätten die Filmliebhaber in Übersee die Chance, den Film zeitnah im Kino zu sehen (und zwar in Originalversion), würden sie nicht zum illegalen Streamen verleitet.

Ob die Klagen der Musik- und Filmindustrie über angebliche Milliardenverluste durch illegales Filesharing überhaupt akkurat sind, darf bezweifelt werden. Was sich auf unseren Festplatten ansammelt, könnten wir uns unmöglich leisten. Noch nie besaßen wir so viel Musik wie heute. Eine unter Verschluss gehaltene Studie der Gesellschaft für Konsumforschung, die an die Öffentlichkeit durchsickerte, belegt zudem: Wer viel downloadet, gibt trotzdem (oder gerade deswegen) mehr Geld für Kinokarten und DVDs aus als der Durchschnittsnutzer: Das Internet wirkt quasi als Vorschau. Wem ein Film oder die Musik online gefällt, der gönnt sich den Besuch von Kino und Konzerten.[51] Die Rechnung, illegale Downloads könnten eins zu eins in einen Verlust der Medienkonzerne umgerechnet werden, geht nicht so einfach auf.

Die Musikindustrie täte gut daran, das Internet als wunderbares Marketing-Instrument zu begreifen, statt als Hort des Verbrechens zu brandmarken. Von den Bands, die wir wirklich mögen, kaufen wir die Originaltonträger, zahlen für teure Konzerttickets und Merchandising-Kram. Eine Studie der britischen Musikverwertungsgesellschaft PRS for Music – des Gegenstücks zur bundesdeutschen GEMA – hat festgestellt, dass die schrumpfenden Einnahmen bei CD-Verkäufen durch die wachsenden Einnahmen aus Konzerten mehr als ausgeglichen werden.[52] Heißt: Wir geben heute genauso viel oder sogar mehr Geld für Musik aus als früher – weniger für CDs, dafür mehr für Konzerte. Neue Geschäftsmodelle sind der Kern der Lösung, nicht das Festklammern an einem Urheberrecht, das sich nur mit der Totalkontrolle jedes einzelnen Bürgers durchsetzen ließe.

Die Wertschöpfungskette im Netzzeitalter verändert sich: Nicht mehr die Konzerte promoten die Musik, sondern die Musik promotet die Konzerte. Was teurer wird – und wofür die Menschen auch Geld zu zahlen bereit sind –, sind die Liveauftritte. Für die Platten zahlen nur die wirklichen Fans. Über den Weg des Internets entdecken wir neue Bands und entwickeln neue Vorlieben für neue Genres. Kleine Künstler sind dank Internet nicht mehr auf Konzerne angewiesen, die entscheiden, wer in den Plattenladen kommt und wer nicht. Das Internet hat daher eine kulturelle Explosion ausgelöst, die vorher schon wegen der physischen Platzbegrenzung in den Plattenläden gar nicht möglich gewesen wäre. Ein schlagendes Exempel sind die Arctic Monkeys, die dank Internetvermarktung zu einer finanziell erfolgreichen Band aufstiegen, oder auch Radiohead, die das Internet früh für künstlerische Freiheit und Unabhängigkeit nutzten. Viele Kleinkünstler unterstützen daher kostenfreie Downloads: kleine DJs, die alte Tracks neu mixen, ebenso wie die Hip-Hop-Band aus Neukölln, die vortreffliche Parodien auf Lieder aus den Charts macht und auf ihren Livekonzerten auch spielt, die sie aber – wegen Konflikten mit dem Urheberrecht – von ihren CDs verbannen muss.

Erst das Mischen, das Neukombinieren, das Weiterverarbeiten lässt Innovationen und Kreativität entstehen. Ist der Zugang zu Wissen und Ideen blockiert, trocknen Innovationsräume aus – deswegen ist ein zu rigides Copyright der Sargnagel jeden Erfindungsreichtums. In einer knapp tausendseitigen Studie führt der Wirtschaftsjurist Eckhard Höffner den Aufstieg Deutschlands zum Volk der Dichter und Denker auf das lange Fehlen eines Urheberrechtsschutzes zurück: Im Unterschied zu Großbritannien, wo ein striktes Urheberrecht das Nachdrucken von Büchern unterband, blühte in Deutschland der Buchdruck und führte zur stürmischen Verbreitung von Wissen und Ideen. Dank fehlenden Urheberrechtsschutzes entwickelte sich Deutschland zur tonangebenden Industrienation des 19. Jahrhunderts.[53]

Die gescholtene Gratiskultur trägt gewiss keine moralisch reine Weste. Schließlich wird der Urheber um sein Recht gebracht, das von ihm geschaffene Kulturgut nach seinen Maßstäben zu verkaufen. Daher ist Filesharing moralisch fragwürdig und kann wirtschaftlichen Schaden verursachen. Die kleine Indie-Band oder der aufstrebende Filmregisseur kann nicht nur von Luft und Liebe leben – ein Buchautor übrigens ebenso wenig. Aber so »gratis« ist die Internetökonomie gar nicht. Die 180 Millionen Euro Profit der inzwischen zu Recht verurteilten *kino.to*-Betreiber kamen allerdings nicht von den nervigen Porno-Werbebannern, sondern waren Einnahmen aus 14,99 Euro monatlicher Flatrate-Gebühren für den »Optimierungszugang«, der das Streamen schneller und reibungsloser machte. Auch wenn Betreiber illegaler Filesharing- oder Streaming-Dienste keine Gebühren verlangen, sondern »nur« die Nutzer mit Werbung überschwemmen oder ihre persönlichen Daten abgreifen, tun sie das nicht aus irgendeiner Kostenlos-Kultur, sondern um Geld zu verdienen.[54] Die Menschen waren also bereit zu zahlen, nur gab es offenbar kein vernünftiges legales Angebot. Die meisten würden zustimmen, dass es darum gehen sollte, dass die Künstler das Geld bekommen und nicht die anonymen Macher dubioser Portale. Denn den Menschen geht es nicht um »kostenlose«, sondern um gute Angebote. Die hohen und steigenden Nutzerzahlen legaler Download-Dienste wie iTunes oder Musikload stellen unter Beweis, dass viele Menschen bereit sind, ihren Obolus an die Künstler und meinetwegen nach Hollywood abzuführen, wenn es bequem gute Qualität auf sicherer Rechtsgrundlage zu bezahlbaren Preisen gibt. Noch nie haben so viele Menschen legal Musik im Netz gekauft wie heute. Legale Downloads legten in Deutschland allein 2011 um 29 Prozent zu, während der Verkauf von CDs nur um zwei Prozent zurückging.[55] »Die Ärzte« stellten ihr neues Album sogar komplett auf Youtube; trotzdem landete das Album auf Platz eins der Verkaufscharts. Wofür die Kunden dort bezahlen, könnten sie zwei Klicks entfernt auch kostenlos haben. Der Markt lebt auch von der Aufrichtigkeit seiner Teilnehmer. Und die ist im Internetzeitalter durchaus intakt, nur wird sie eben fundamental anders gelebt. Selbst freiwillige Mikrospenden über das neue Flattr sind im Aufwind. Die Internetausgabe der *taz* beispielsweise nimmt durch Minispenden der Online-Leser bereits bare Münze ein, obwohl die den Service eigentlich kostenlos haben. Das alles steckt noch in den Kinderschuhen, aber solche Experimente können schneller wachsen, als wir heute ahnen. Vor zehn Jahren waren schließlich auch Youtube und Facebook noch nicht existent und sind heute aus dem Alltag nicht mehr wegzudenken. Vieles wird sich regeln, durch Innovationen, für die heute noch die Phantasie fehlt. Eine wichtige Botschaft ist also: Entspannt euch!

Um den Kampf gegen Filesharing zu gewinnen, müsste man tief in die Privatsphäre aller Bürger eingreifen. Dass der Staat aber die Online-Kommunikation all seiner Bürger kontrolliert, sollte niemand wollen. Wenn wir das Internet nicht komplett verbarrikadieren wollen, müssen wir daher einen gewissen Kontrollverlust akzeptieren. Doch heute schwebt über jedem, der sich mal einen alten Schlagersong gesetzeswidrig aus dem Netz gezogen hat, permanent die Drohung sündhaft teurer Abmahnungen durch lukrativ arbeitende Anwaltskanzleien. Der Künstler selbst sieht davon nichts. Die Musikindustrie und ihre Anwälte aber verdienen ganz gut daran. Die durchschnittlichen Abmahnkosten der Facebook-Pinnwand eines 16-Jährigen wurde von einem Rechtsanwalt kürzlich auf 10 000 Euro veranschlagt (z. B. riskiert jemand eine teure Abmahnung, allein wenn er ein Donald-Duck-Bild postet!). Inzwischen greifen Kanzleien sogar bei solchen Bildern zu teuren Abmahnungen, die nicht der Facebook-User selbst, sondern andere auf dessen Pinnwand gepostet haben.[56] Dieser Abmahnwahn ist Irrsinn und muss ein Ende haben. Dabei geht es übrigens nicht immer mit rechten Dingen zu: Ein Freund von mir erhielt eine Abmahnung über mehrere tausend Euro, weil er sich einen Film der »Twilight«-Saga illegal heruntergeladen haben soll – auf Vampirfilme für pubertierende Mädels kann der Mann allerdings gut verzichten. Andere Freunde von mir erlebten ähnlich bizarre Vorwürfe und quälen sich nun in mühseligen Rechtsstreitereien ab.

Geistiges Eigentum zu schützen ist richtig. Wer lediglich damit Geld verdient, indem er über Download- und Streaming-Dienste das Kulturgut anderer verteilt, ohne dessen Schöpfer fair an den Gewinnen zu beteiligen – so wie *kino.to* –, muss auch in Zukunft bestraft werden. Doch schärfere Überwachung und Kontrolle der Nutzer – also der Bürgerinnen und Bürger – können nicht die Lösung sein. Es geht also keineswegs darum, das Urheberrecht abzuschaffen – auch die Piratenpartei hat das nicht im Sinn (was ihr zu Unrecht vorgeworfen wird). Ein zeitgemäßes Urheberrecht muss Wege anbieten, wie die Kreativen und Künstler gerecht belohnt werden können, ohne Anwaltskanzleien zu bereichern und unbedarfte Bürger als Kriminelle zu behandeln. Die Frage geistigen Eigentums muss völlig neu gestellt und fundamental anders geklärt werden.

Schon einmal wähnte die Musikindustrie ihre Existenz am Abgrund: als die Kassette eingeführt wurde und die Plattenspieler ersetzte. Die Antwort darauf war die Leerträgerabgabe: Für jede leere Kassette, für jeden CD-Rohling, jeden Drucker, jede Festplatte und jeden Kopierer ist heute eine solche Pauschalgebühr im Kaufpreis enthalten, deren Einnahmen nach einem komplizierten Verteilungsschlüssel an gemeldete Musiker und Schriftsteller ausgeschüttet werden. Das Modell ist freilich nicht perfekt – mehr Transparenz, Mitbestimmung und Verteilungsgerechtigkeit sind notwendig. Doch übertragen auf das Internetzeitalter bietet sich eine Kulturflatrate an: eine monatliche Pauschalprämie für jeden Internetanschluss, die von einer Verwertungsgesellschaft an die Kulturschaffenden weitergegeben wird.[57] Die Idee der Kulturflatrate ist spannend, aber laboriert noch an handfesten praktischen Problemen etwa bei der Abgrenzung zwischen vergüteten und nichtvergüteten Inhalten, der Berechnung und Verteilung der Gebühren, der Messung der Zugriffe und dem Schutz vor Betrug. Andererseits ist die Erfassung der Nachfrage im Internet genauer möglich als bei Kopierern oder Leerkassetten, sodass die Einnahmen aus der Kulturflatrate gerechter an die vielen kleinen Musiker und Kreativen verteilt werden können als bei den bisherigen Pauschalabgaben, bei denen oft denjenigen gegeben wird, die ohnehin schon genug haben.

Während allerdings die Kulturflatrate von einem kleinen Grüppchen der Netzpolitiker wie eine Monstranz durchs Dorf getragen wird, beschloss die EU im September 2011 eine Verlängerung der Schutzfristen von 50 auf 70 Jahre nach dem Entstehen einer Tonaufnahme. Bleibt die Frage, ob sie damit nicht genau das Gegenteil des eigentlich Wünschenswerten bewirkte, nämlich dass sich viele kreative Leistungen jahrzehntelang ideeller und wirtschaftlicher Nutzung entziehen und schließlich verwaisen, mit dem einzigen Grund, dass die Minderheit der Rechteinhaber auf Kosten der Allgemeinheit Profit machen will.

Statt wenigen multinationalen Konzernen der Musikindustrie leistungslose Einkommen noch so lange Zeit nach einer Aufnahme zu verschaffen, sollten wir darüber nachdenken, wie die vielen Tausenden Musiker gerecht bezahlt und die kleineren und kleinsten Labels zu ihrem Recht und

Schutz kommen. Und schließlich gilt es, die Nutzer zu ent-kriminalisieren – zum Beispiel durch gesetzliche Schranken für den herrschenden Abmahnwahn oder eine Fair-Use-Klausel, welche die Nutzung fremder Inhalte innerhalb einer Bagatellzone entkriminalisiert. Es wäre besser, wenn tausend Klein-DJs von ihrer Arbeit zufrieden leben könnten, als dass Paul van Dyke oder Lady Gaga noch mal hundert Millionen kassieren würden. In der Politik tauchte dieses heiße Eisen zu lange nur in zahnlosen Papiertiger-Kommissionen auf. Die Ignoranz gegenüber der gesellschaftlichen Realität braut sich zu einem knallharten Generationenkonflikt zusammen.

Piraten! – Revolution in Orange

Mit der Piratenpartei bekam die digitale Graswurzelbewegung einen parlamentarischen Arm. Die neue Partei ist ruckartig auf über 21 000 Mitglieder angewachsen und ist damit nach den Grünen die siebtgrößte Partei in Deutschland. Weil immer mehr Ältere dazustoßen, hat sich das Durchschnittsalter der ursprünglich eher jugendlichen Partei im letzten Jahr von 31 auf 40 Jahre erhöht.[58]

Ihren ungewöhnlichen Namen verdankt die Partei dem schwedischen Vorbild: In selbstironischer Reaktion auf die Kriminalisierung von Internet-Downloadern als »Raubkopierer« und »Piraten« hatte sich in Schweden der Verein »Piratenbüro« gebildet, aus dessen Reihen sich – angeheizt durch polizeiliche Beschlagnahmungen illegaler Filesharing-Server – die Piratenpartei gründete.

Bei der Bundestagswahl 2009 schaffte es ihr deutscher Ableger auf zwei Prozent der Stimmen[59] – aus dem Stand heraus und mit einem minimalen Wahlkampfbudget. Unter den 18- bis 24-jährigen Wählern bekam sie neun Prozent, unter allen männlichen Erstwählern schaffte sie es sogar auf 13 Prozent.[60] Die junge Generation hätte die Piratenpartei gerne im Bundestag gesehen. Bei der Berliner Abgeordnetenhauswahl kam sie von 0 auf 8,6 Prozent und ist seitdem mit vierzehn Männern und einer Frau erstmals in einem Parlament vertreten. Mit kritischen Anfragen zur Speicherung von Handydaten durch die Polizei und zum geplanten Schultrojaner hielten sie die Regierung auf Trab. Ein erster, bescheidener Erfolg: In der Kantine des Berliner Abgeordnetenhauses gibt es jetzt Club-Mate, das Kultgetränk der Berliner Hipster.

Die etablierten Medien oszillierten zwischen Unglauben und Ablehnung. Sie hielten die Piraten für eine ahnungslose Chaostruppe, eine Spaßpartei ohne echtes Programm, oder schlimmer noch für Kleinkriminelle, die ihr schmutziges Tun kostenloser Musikdownloads legalisieren wollen. Überhaupt habe niemand die Piraten aus Überzeugung gewählt, sondern aus Ahnungslosigkeit oder aus Frust, um den anderen Parteien eins auszuwischen.

Alle diese Thesen greifen zu kurz. Die Schriftstellerin Juli Zeh sieht in dem einfältigen Medientenor zu Recht ein »echtes, gewissermaßen naturgesetzliches Unverständnis«: »Man trifft es bei Generationenkonflikten an, wenn die eine Seite nicht in der Lage ist zu erkennen, worauf es der anderen Seite ankommt.«[61] Die Piratenpartei ist – ähnlich wie die Grünen in den 1980er Jahren – zum Zufluchtsort für Menschen geworden, die sich vom etablierten Politikbetrieb nicht repräsentiert fühlen. Für viele Nichtwähler, die sich von den bisherigen Parteien nicht verstanden fühlten, werden die Piraten ebenso zur neuen politischen Heimat wie für enttäuschte SPD-, Grüne- und FDP-Sympathisanten.

Längst streiten die Piraten für weit mehr als die digitale Reisefreiheit. Das Internet war lediglich der Auslöser der Parteigründung, nicht die ganze Botschaft. Die Piraten sind keine Internetpartei, sondern eine Partei für einen freiheitlichen Humanismus. Eine Partei, die Freiheit nicht nur als Marktprinzip versteht, sondern als gesellschaftliche Ordnung. Eine Partei, die dem Menschen vertraut und Hierarchien misstraut. Eine Partei, die längst mehr will als nur ein freies Netz: Sie will die radikale Senkung des Wahlalters, direkte Demokratie, kostenfreie Bildung, die Stärkung von Mieterrechten gegenüber Finanzinvestoren, kostenlosen öffentlichen Nahverkehr, Mindestlohn und bedingungsloses Grundeinkommen, die Entkriminalisierung des Drogengebrauchs, das Verbot von Patenten auf Gen-Saatgut, die Stärkung liberaler Bürgerrechte und einen transparenten Staat statt den gläsernen Bürger. Wer sich einmal auf der Homepage und den Wiki-Foren der Piraten einklinkt, weiß, wie viele Themen heiß diskutiert werden – und zwar seriös und ausgewogen.

Die Piraten werden nicht in erster Linie deswegen gewählt, weil sie für freies und offenes Internet kämpfen. Sie werden auch nicht gewählt, weil sie angeblich das Urheberrecht abschaffen wollen (ein bizarrer Vorwurf, der sich durch einen Klick auf die Homepage leicht als abstrus widerlegen lässt). Viele ihrer Sympathisanten haben keine Ahnung von Netzneutralität oder Vorratsdatenspeicherung. Die Piraten werden gewählt, weil sie den Wähler respektieren, statt ihn für einen inkompetenten Störenfried zu halten; weil sie »normale Menschen« sind, keine geschliffenen Berufspolitiker; weil jeder sofort bei seinen Lieblingsthemen an vorderster Front mitbestimmen kann, anstatt erst die Rücksichtnahme auf Parteitraditionen, -gremien und -lagerkämpfe einkalkulieren zu müssen. Es ist der Charme einer unkonventionellen »Anti-Parteien-Partei«, der den gefühlten Graben zu den »Berufspolitikern da oben« überbrückt und eine schönere Demokratie verspricht, eine Republik zum Mitmachen für alle.

Auf der üblichen Rechts-Links-Skala lassen sich die Piraten nicht eindeutig verorten – auch dies ist typisch für das Politikverständnis der jungen Generation, die sich nicht ideologisch festzurren lassen will. Man kann sie als sozialliberale Pragmatiker einschätzen. Die Piraten sind außerdem die einzige Partei, die Doppelmitgliedschaften bei anderen Parteien explizit erlaubt. Das alte Parteiensystem basierte auf der Vorstellung, dass jeder nur eine geschlossene Weltanschauung haben kann – was im Industriezeitalter auch Sinn machte, als die Klassengrenzen noch trennscharf waren. Die postmoderne Gesellschaft hat sich jedoch in komplexere Milieus ausdifferenziert. Geschlossene Weltanschauungen sind selten, und daher passt auch das alte Parteiensystem nicht mehr. Die Piraten haben als Erste erkannt, dass es die

Parteien heute ertragen müssen, wenn jemand sich in Fragen der Gerechtigkeit näher an der SPD bewegt, in Fragen liberaler Bürgerrechte eher an der FDP, in Sachen Umwelt näher an den Grünen und sich trotzdem – oder gerade deswegen – bei den Piraten am wohlsten fühlt. Die parteipolitische Monogamie ist von gestern.

Die bloße Existenz der Piratenpartei hat die politische Agenda verändert. Der Kurswechsel in der Netzsperrendebatte gehört zu den sichtbarsten Folgen. Angela Merkel erklärte bereits im Wahlkampf 2009 in einem studiVZ-Podcast: »Die Existenz der Piratenpartei ist natürlich für uns ein Grund, sich mit den Fragen des Internets zu beschäftigen und damit auch mit Fragen des Urheberrechts und dem Schutz der Grundrechte.«[62] Einen Tag nach den Wahlen adelte die Bundeskanzlerin bei ihrer ersten Pressekonferenz die Piraten mit dem Kommentar: »Wir müssen den Dialog mit den Wählern der Piratenpartei aufnehmen und uns um die Wähler der Zukunft kümmern, um die jungen Wähler.«[63] Der Schock durch die neue Konkurrenz sitzt tief.

Die Piratenpartei ist auf dem Wege, sich selbst zu finden – und zu beweisen, dass sie Politik kann. Die Truppe ist bunt; vom selbstüberheblichen Narzissten bis zum medienscheuen Nachdenker sind alle Charaktere dabei. Was der Partei fehlt, sind die Frauen. Der Frauenmangel ist indes keine böse Absicht chauvinistischer Machtgeilheit – sonst hätte es sicherlich nicht so viele Spitzenkandidatinnen bei den letzten Landtagswahlen gegeben –, sondern hängt mit der techniklastigen Gründungsgeschichte zusammen. Es gibt gute Gründe für die Annahme, dass mit der Zeit immer mehr

Frauen dazustoßen – wobei die stark männlich geprägte Diskussionskultur nicht gerade dazu einlädt, mehr Piratinnen zum Mitmachen zu bewegen (die Aufforderung zur Kandidatur auf einem Parteitag lautete beispielsweise: »Wer Eier hat, kommt aufs Podium und kandidiert!«).

Die Piraten werden sich an den profanen Politikbetrieb anpassen (müssen), und einige ihrer frisch gewählten Berufspolitiker merken bereits, wie schnell sie sich verändern und etwa ihre Meinung gegenüber der Presse nur noch in blumige Phrasen hüllen, um bloß nicht falsch zitiert zu werden. Doch die Piraten sind noch dynamisch genug, das zu verkraften.

Eins ist auf jeden Fall klar: Auch die Piraten sind nicht die Retter, die alle Probleme lösen werden. Der basisdemokratische Dilettantismus wirkt bisweilen wie organisierte Verantwortungslosigkeit. Überall wittern die Piraten illegitime Machtstrukturen in den eigenen Reihen. Schon entbrennen Machtkämpfe und Gehässigkeiten. Totale Transparenz und totale Partizipation lauten die Ansprüche, die im Alltagsgeschäft nicht immer sinnvoll umsetzbar sind. Positionen zu wichtigen Themen müssen noch abgestimmt werden. Bei vielen Themen fehlt die eigene Kompetenz. Dafür haben die Piraten den Vorteil der Unvoreingenommenheit.

Der graswurzelartige Charakter der Partei hat den Charme, dass Sympathisanten sehr schnell aktiviert werden können, wenn das nächste große Ding auf die Tagesordnung rückt. Gekentert ist das Piratenboot noch lange nicht. Im Gegenteil, die Segel sind gerade mal gesetzt.

Liebe 68er: Ihr versteht uns nicht

Früher war alles besser. Früher ging die Jugend noch gegen die herrschenden Verhältnisse auf die Straße. Da brannten noch Autos und das Gebäude der Springer-Presse. Da gab es noch die RAF und Marx-Lesekreise. Da gab es noch Rudi Dutschke. Das war die glorreiche Zeit der 68er-Revolte gegen das Establishment, gegen Imperialismus und Wettrüsten, für sexuelle Befreiung und die Überwindung des faschistoiden Kapitalismus. Da gab es noch Willy Brandt.

Heute geht die junge Generation lieber auf Praktikumssuche als auf die Barrikaden. Während bürgerkriegsähnliche Zustände in Spanien, Griechenland und Großbritannien eine Regierungskrise auslösten, bleiben wir in Deutschland bemerkenswert gelassen. Krise, na und? Wo bleibt der Aufstand der Jungen?

Von 1968 wissen wir Jungen nicht viel. Wenn wir von den 68ern hören, denken wir an Flowerpower, Woodstock, lange Haare, freie Liebe und vielleicht noch an einen Taxifahrer namens Joschka Fischer, der Steine auf Polizisten warf und später Außenminister und ziemlich spießig wurde.

Dafür sind die 68er selbst umso mehr davon überzeugt, uns Junge haargenau zu kennen: Die Jugend von heute sei angepasst, charakterlos, unpolitisch, hedonistisch. »Wo sind Kritik und Protest der Jugend geblieben?«, nörgelt *Zeit*-Feuilletonchef Jens Jessen. Wir, die »traurigen Streber«, hätten Idealismus und Aufsässigkeit längst abgestreift.[64] Auch Joschka Fischer macht keinen Hehl daraus, was er von uns hält: »Eure Generation deprimiert mich. Ihr seid langweilig und dröge.« Und weiter: »Euch fehlt der Kampfesmut und Abenteuerlust. Ihr seid eine Heiapopeia-Jugend.«[65]

Die alte Generation schüttelt den Kopf: Früher hätte es so was nicht gegeben! Die langweilige Jugend heutzutage! Die Vorwürfe der Rebellen von einst, die es sich in wohlsituierten Posten mit krisenfestem Einkommen bequem gemacht haben, kommen uns Jungen allerdings reichlich weltfremd vor. Wenn Jens Jessen stolz von »damals« erzählt, von den Abenteuern der wilden sechziger Jahre, klingt das für uns wie »Opa Jens erzählt vom Krieg«: wie ein verklärtes Schwärmen von einem Land vor unserer Zeit.

Selbst wenn die Jungen den offenen Protest proben, haben die 68er nur zu nörgeln, als hätten sie allein das Patent auf korrektes Dagegensein gepachtet. Als Studenten europaweit zum Protest gegen unfaire Praktika bliesen, beanstandete 68er-Vorzeigerebell Daniel Cohn-Bendit deren »negative Sicht auf die Zukunft«, und Peter Sloterdijk beschwerte sich: »Als ich 1966 Abitur machte, wollte man überhaupt nie einen Kompromiss mit der Welt der Festanstellungen eingehen. Unser Motto lautete: ›Meine Arbeitskraft kriegt ihr nie‹. Die Studentenproteste in Frankreich haben dagegen eine geradezu überwältigende Verspießerung der Jugend sichtbar gemacht.«[66]

Die gesättigten Alten predigen uns von ihren Chefsesseln aus, wie richtiges Revoluzzertum funktioniert. Sie gehören nicht nur zu den Besserverdienern, sondern auch zu den Besserwissern – und den Besserheuchlern. Längst führen sie ein bürgerliches Leben, streben nach Geld, Macht und Sicherheit. Doch um des guten Gewissens willen müssen sie ihr Bedürfnis artikulieren, wenigstens noch im Herzen links zu sein, oder dies wenigstens von der Jugend fordern. Sie haben sich in die einst bekämpfte Marktgesellschaft perfekt integriert und spüren doch den Drang, irgendwie antikapitalistisch zu sein, zumindest solange es keine schädlichen Konsequenzen für ihr flauschiges Wohlstandskissen hat.

Die 68er wollten keine Spießer sein und wurden genau das. Wir Jungen möchten Spießer sein, was wiederum den Alt-68ern nicht passt: Die Jugend möge doch bitte rebellieren, so wie es sich gehört! Fleißig basteln die Alten am Mythos der eigenen wilden Jugend, die sie in ihrem kollektiven Gedächtnis zu einer Ära glanzreichen Protests verklären.

Dabei beteiligten sich zu 68er-Zeiten in der Summe sogar weniger Menschen an Protesten als heute.[67] Der harte Kern der Bewegung bestand in West-Berlin aus nur 15 bis 20 voll engagierten Mitgliedern und konnte sich auf 150 bis 200 Aktive stützen. Der Sozialistische Studentenbund zählte bundesweit lediglich zwischen 2000 und 2500 Mitglieder, auf die großen Demonstrationen kamen auf dem Höhepunkt etwa 12 000 Teilnehmer. Insgesamt umfasste die ruhmreiche 68er-Bewegung kaum mehr als 10 000 Aktive.[68] Nur eine Minderheit hat sich tatsächlich organisiert. Die wenigen traten dafür umso radikaler auf, erklärt der Protestforscher Dieter Rucht: »Die gesellschaftliche Reaktion war heftiger. Das hängt mit dem provokativen Gestus der Bewegung zusammen.« Dieser provokative Gestus fehle heute, die Studentendemos seien eher brav. »Alles andere wäre auch unpassend. Die Forderung nach besserer Bildung steht im Einklang mit bürgerlichen Werten. Eine Provokation gegen diese Werte wäre deshalb nicht das adäquate Mittel.« Von Studenten, die jeden Abend ihren besetzten Hörsaal putzen, ist die Revolution kaum zu erwarten – zumal der revolutionäre Funke durch die Sympathiebekundungen der Politiker geradezu neutralisiert wird: »Die Studierenden werden durch Umarmung gleichsam entwaffnet. Früher hatten die Studenten alle gegen sich, die Wasserwerfer der Polizei, das Bürgertum, die Springer-Presse. Das hat einen großen Zusammenhalt und viel Reibungshitze erzeugt.« Feindbilder, die eine gemeinsame Bewegung schmieden könnten, seien verschwunden. Wer sich heute links fühlt, dem bleibe als Feindbild nur noch der Neoliberalismus. »Aber das ist eine abstrakte, nur schwer personalisierbare Struktur.«[69]

Statt in selbstgerechter Nostalgie zu schwelgen, sollten die Alten sich lieber fragen, in welche Welt sie uns hineingeboren haben. Das Effizienz- und Leistungsdiktat ist an der jungen Generation nicht spurlos vorübergegangen. Wir würden gerne darüber nachdenken, wie wir die Welt zu einem schöneren Ort machen können, aber wir können uns diesen Luxus gar nicht leisten. Unter dem Druck eines als perspektivlos empfundenen Arbeitsmarkts und vollgepackter Bachelor-Studiengänge bleibt keine Zeit für gemütliches Vor-sich-hin-Protestieren und endlose Systemdebatten wie bei den 68ern, die dank Bildungserweiterung, Vollbeschäftigung und einem ausgebauten Sozialstaat angenehm sorglos waren.

Die Zeiten, in denen man wie einst Joschka Fischer bequem ohne Realschulabschluss zum Außenminister aufsteigen konnte, sind vorbei. Gürtel enger schnallen, Ärmel hochkrempeln, und wer Visionen hat, der gehe zum Arzt – das sind die Beipackzettel fürs Leben, die unserer Generation mit auf den Weg gegeben wurden. Im Wirtschaftsdarwinismus ist keine Zeit für Weltverbessertum. Damals war das freilich anders. Was war schon ein verlorenes Streiksemester im Vergleich zur unmittelbar bevorstehenden Revolution? Uns heute Jungen ist dagegen nicht der rosarote Sozialismus gewiss, sondern nur ein Stapel abgelehnter Bewerbungen. Die Generation vor uns glaubte noch, die Welt verändern zu können. Unsere Generation ist mit dem Gefühl groß geworden, uns an sie anpassen zu müssen.

Es mag sein, dass wir uns mit der Welt um uns herum im Großen und Ganzen abgefunden haben. Aber wir wüssten auch nicht, wie es radikal anders gehen soll als mit Demokratie und Marktwirtschaft. Der Traum harmonischer Glückseligkeit im herrschaftsfreien Kommunismus wurde in den realsozialistischen Sowjetdiktaturen durch Panzer und Planwirtschaft gründlich diskreditiert. Alle großen Utopien sind historisch gescheitert. Aus gutem Grund hegen wir eine gesunde Skepsis gegenüber nebulösen Theorien alternativer Gesellschaftsentwürfe. Woran sollen wir auch noch glauben?

Als die Rebellen von einst, die Steine auf Polizisten warfen und am Zaun des Kanzleramts rüttelten, schließlich ihren Marsch durch die Institutionen – oder eher ihren Spaziergang zum Berufsbeamtentum mit Aufstiegsautomatismus auf Lebenszeit – hinter sich gebracht hatten, riefen sie nicht Freiheit und Sozialismus aus, sondern beschlossen Riester-Rente, Hartz IV, biometrische Ausweise, Terrorabwehrpakete und Kampfeinsätze der Bundeswehr und ließen sich nach ihrer Politiklaufbahn bereitwillig in hoch dotierte Posten in Öl- und Medienkonzernen hieven. Kaum waren die früheren Klassenkämpfer, die einst die *Bild*-Zeitung als faschistische Propaganda bekämpft und von der sozialistischen Utopie geträumt hatten, an den Schalthebeln der Macht angekommen, richteten sie ihre Politik nach der *Bild*-Schlagzeile aus und beugten sich angeblichen Sachzwängen des Marktes.

Es scheint, als hätten die Marschierer die Institutionen weniger verändert als die Institutionen die Marschierer. Was haben die Anführer der 68er aus den Idealen von Abrüstung, Umweltschutz und demokratischem Sozialismus denn gemacht? Hatten sie nicht versprochen, ihren Kindern – meiner Generation – eine bessere Welt zu hinterlassen?

Erst recht fehlen in der Politik charismatische Figuren, die einer Bewegung noch Hoffnung auf eine andere, bessere Welt verleihen könnten – ebenso wie spaltende Charaktere, die Widerstand geradezu provozieren. Unsere Spitzenpolitiker heißen Steinmeier und Merkel, nicht Brandt und Strauß. Der einzige Mutmacher, den wir haben, ist Barack Obama. Aber der ist weit weg. Die Politik macht es uns ziemlich schwer, uns für sie zu begeistern. CDU und SPD werden von grauen Köpfen regiert. Der Politiker, den wir kennen, ist ein »Mann ohne Eigenschaften«: ohne Vision und Leidenschaft, ohne Träume und Gefühle. Wer sich selbst nicht begeistert, kann andere erst recht nicht begeistern.

Visionen sind nicht nur schwer umzusetzen, sondern sie existieren gar nicht mehr. Die Tage, an denen das Ho-Chi-Minh-Plakat über dem Bett hing und nach jeder Tagesschau die Systemfrage gestellt wurde, sind endgültig vorbei, notiert Justus Bender in der *Zeit Campus*. Bestenfalls ziehen sich Teenager noch ein T-Shirt mit dem Konterfei von Che Guevara an, aber das ist eher Lifestyle als politisches Statement. Führte früher Rudi Dutschke die 68er in den Kampf um die Weltrevolution, besteht heute die Maximalforderung in der Abschaffung von Studiengebühren. Riefen die Studenten früher nach der Überwindung des Kapitalismus, gilt heute schon der Vorschlag von Obergrenzen für Managergehälter als linksradikale Utopie. Die EU ist für uns kein Friedensprojekt mehr, sondern ein Bürokrat aus Brüssel und im Zweifelsfall ein Geschäft auf unsere Kosten. Wir haben wenige Tagträume und gehen pragmatisch unseren Weg.

Wen sollten wir auch verantwortlich machen? Wo sind die Konfrontationslinien in der Gesellschaft der neuen Mitte? Früher waren als Schuldige schnell die Springer-Presse oder die amerikanische Rüstungsindustrie identifiziert, heute verbünden sich Autokonzerne, *Bild*-Zeitung und Umweltverbände zu gemeinsamen Koalitionen. Die Freund-Feind-Frontlinien haben an Trennschärfe verloren. Die alten Schwarz-Weiß-Schablonen passen nicht mehr. Es gibt riesige Probleme – Klimawandel, Finanzmarktkrise, Eurorettung –, die so kompliziert sind, dass wir sie nicht durchdringen können und wir das Gefühl haben, als Einzelne nur noch kapitulieren zu können.

Wir würden ja gern den Aufstand wagen, aber gegen wen und wofür? In der Finanzkrise haben wir gelernt, dass kleine Eigenheimkäufer in den USA die Weltwirtschaft in den Kollaps treiben können. Wer ist also schuld an der Finanzkrise? Die amerikanischen Hausbesitzer, die sich in gutem Glauben an ihre Bankberater überschuldet haben? Die Banken? Josef Ackermann? Sollen wir gegen Josef Ackermann auf die Straße gehen? Was würde das bringen? Und ist der überhaupt noch bei der Deutschen Bank? Oder sind doch die Griechen schuld? Sollen wir etwa gegen Griechenland revoltieren?

Allgemein war es früher einfacher, sich rebellisch zu fühlen. Lange Haare genügten, um sich von der Gesellschaft abzugrenzen; einen Joint zu rauchen galt als Akt gegen das Establishment. Heute zeigen sich Polizeistreifen von kiffenden Jugendgruppen im Park unbeeindruckt, denen wiederum das Establishment ebenso einerlei ist. Die Gesellschaft ist insgesamt liberaler geworden: Eine Frau ist Kanzlerin, der Außenminister ist schwul – und wir empfinden das als ganz normal. Auch musikalisch zeigt sich die Zeitenwende: Selbst harmlose Punkbands wie die Ärzte galten einmal als radikal. Heute muss man schon Sido hören, um irgendwie provozieren zu können, doch selbst der verruchte Plattenbau-Gangster-Rapper ist inzwischen bürgerlich geworden. Ohnehin hören die meisten von uns lieber Jimi Hendrix, Bob Marley oder die Beatles. Dumm nur, dass unsere Eltern die gleiche Musik mögen.

Wir verstehen uns so gut mit unseren Eltern, dass wir sogar in der Pubertät nur selten wirklich aneinandergeraten – aber schließlich verkracht man sich hin und wieder ja selbst mit dem besten Kumpel. Laut Shell-Studie haben 90 Prozent der Jugendlichen ein gutes Verhältnis zu ihren Eltern. Fast drei Viertel würden ihre Kinder genauso erziehen, wie sie selbst erzogen wurden. Die elterliche Tracht Prügel ist rar geworden, an die Stelle von Erziehungsidealen wie Ordnung und Disziplin rückten Selbstentfaltung und Selbstbestimmung. Da gibt es nicht viel Platz für Konflikte, zumindest nicht für solche, die politisierbar wären. Wie soll man gegen eine Elterngeneration rebellieren, mit der man vorwiegend die gleichen Werte teilt?

Unser Pragmatismus wird oft schlechtgeredet. Doch Justus Bender fragt in der *Zeit Campus* zu Recht: Ist die Welt ohne Ideologien nicht besser – eine Welt ohne Betonköpfe und Scheuklappen, ohne Denkverbote und marxistische Ersatzreligion, ohne Manifeste und Gegenmanifeste, ohne Brandanschläge und Geiselnahmen? Keine destruktiven Trillerpfeifenkonzerte, stattdessen kreative Flashmobs. Keine Molotow-Cocktails, stattdessen Online-Petitionen. Keine neuen Sprechverbote linksindoktrinierter Tugendwächter, sondern demokratische Diskussionskultur. Statt durch Pamphlete und Klassenkampf versuchen wir im Hier und Jetzt durch überschaubare Projekte und konkrete Lösungen etwas zu bewirken, auch wenn wir dadurch nicht das System umstürzen.

Statt einer Ideologie nachzurennen, die andere irgendwann mal aufgeschrieben haben, fangen wir einfach an, unsere Lebenswelt im Kleinen zu verändern und dort tätig zu werden, wo wir konkrete Ergebnisse unseres Engagements sehen können. Weit entfernt von einem moralischen Verfall, zeichnet sich die heute junge Generation durch einen analytischen Fortschritt und einen fundamentalen Strategiewechsel aus.

Der Philosoph Oskar Negt merkte an: »Die 68er haben Hügel hinterlassen, aber keine Berge versetzt – und haben es sich nach der ersten Anhöhe bequem gemacht.« Wir Jungen haben daraus gelernt: Wir erproben uns zunächst an den Hügeln und erklimmen die Berge erst später.[70]

Wut im Bauch: Drohen soziale Unruhen?

Wer nur auf die ökobewussten Abiturienten setzt, die mit ihrem idealistischen Altruismus die Welt verbessern, der übersieht, dass die soziale Spaltung immer mehr Verlierer produziert, deren Frust und Verachtung gegenüber der Gesellschaft sich bedrohlich potenziert. Immer mehr Menschen werden von der Gesellschaft ausgegrenzt und abgehängt. Von der Demokratie fühlen sie sich im Stich gelassen. Dies kann sich in gewaltsamen Unruhen entladen – die sich nicht als explizit politisch verstehen müssen, aber ein Ventil für den Frust darstellen und in scham- und hemmungslosen Selbstbereicherungsorgien enden können.

Plünderungen in London, Krawalle in französischen Banlieues, bürgerkriegsähnliche Krawalle in Athen: Drohen gewaltsame Ausschreitungen auch in Deutschland? Der Protestforscher Dieter Rucht ist skeptisch: »Die Unzufriedenheit ist da. Protestorganisationen stehen auch bereit. Aber wenn man beim Thema Schuldenkrise den konkreten Schuldigen als Ziel oder gar als Hassobjekt sucht, wird es schon komplizierter. Man weiß, dass nicht eine Regierung oder Bank allein an diesem komplexen Problem schuld sein kann. Damit es hier zu gewalttätigem Protest kommt, bräuchte es also schon einen schockartigen Auslöser.« In England und Frankreich war es die Tötung junger Kleinkrimineller durch die Polizei, die soziale Unruhen lostrat, in Griechenland waren es krasse Sozialkürzungen. Was könnte in Deutschland der Auslöser sein? »Es gibt hier keine Stadtviertel wie in London oder Paris, wo gesellschaftlich Benachteiligte sehr konzentriert leben und es nur einen kleinen Anlass braucht, damit es explodiert. Auch ist hier nicht nahezu jeder Bürger von massivsten Einschnitten betroffen wie in Griechenland. Die deutsche Regierung wird nicht beschließen: Wir kürzen jetzt mal die Gehälter der öffentlich Bediensteten oder die Renten um zwanzig Prozent. Aber in solch einem Fall hätten wir sicher eine ähnlich unruhige Lage wie in Athen. Da sollte man sich nichts vormachen: Es ist nicht so, dass wir Deutschen von Natur aus immer nur brav und angepasst sind.«[71]

Uns geht es gut. Aber die Warnsignale sind nicht zu übersehen. Am linken und rechten Rand des politischen Spektrums brodelt es. In Berlin fackelten linksextreme Autonomengruppen über Monate hinweg fast jede Nacht Luxuskarossen ab. In einigen Bezirken tobt der Häuserkampf gegen wohlhabende Zuzügler, die sich mit Polizeischutz und Videoüberwachung verschanzen. Politisch motivierte Gewalttaten, wie Tötungsdelikte, Körperverletzungen, Brandstiftungen und Landfriedensbruch, nehmen – bei bundesweit rückläufiger Tendenz – in den ostdeutschen Ländern zu. Das fremdenfeindliche Klima heizt sich auf. Neofaschistische Strukturen sedimentieren sich. Die Zahl gewaltbereiter Neonazis steigt ebenso wie die Zahl der Linksextremisten. Im Osten präsentiert sich die NPD erfolgreich als die einzig wahre Interessenvertretung bei mut- und perspektivlosen Jugendlichen. Bei Kommunalwahlen ist der Zulauf gerade auch von Erstwählern zu rechten Parteien derart groß, dass sich stabile rechte Parteistrukturen etablieren. Auf dem Land wuchern rechte Kameradschaften.[72] Der braune Terrorismus, der im Herbst 2011 für Schlagzeilen sorgte, ist ein furchtbarer Warnschuss.

»Es gibt verschiedene Ventile«, warnt der Jugendsoziologe Klaus Hurrelmann. »Das abgespaltene untere Fünftel der Generation ist aggressiver als früher. Sie suchen Sündenböcke, verarbeiten den Druck nach außen. Es ist kein Zufall, dass fremdenfeindliche Gewalt zunimmt. Auch die jüngsten linken Ausschreitungen, etwa in Berlin, weisen allgemein auf ein gestiegenes Gewaltpotenzial bei den Jüngeren hin. Andere weichen vor dem Druck aus, nehmen Drogen, flüchten sich in Computerspiele. Ebenfalls ansteigend und noch wenig untersucht ist die Anzahl depressiver Jugendlicher.«[73]

Die bürgerkriegsähnlichen Demonstrationen in Athen, die Riots in englischen Problemvierteln und die Ausschreitungen in französischen Banlieues sind ernst zu nehmende Signale. Man braucht die Gewalt nicht gutzuheißen, um festzustellen: In einer Gesellschaft, die als gerecht wahrgenommen wird, wäre solchen Unruhen der Nährboden entzogen.

In Großbritannien antwortete die Staatsgewalt nicht mit Gerechtigkeit, sondern mit Vergeltung. Statt für eine Politik des sozialen Ausgleichs einzustehen, rief die Regierung nach harten Strafen. Über die Kleinkriminellen verhandelten Gerichte, die sonst für Mord und andere Schwerverbrechen zuständig sind. Sie verhängten erbarmungslose Haftstrafen, die für ein und dasselbe Delikt zuvor unvorstellbar gewesen wären. Zwei junge Männer, die auf Facebook zu Aufständen in ihrer Heimatstadt aufgerufen hatten, wurden zu vier Jahren Gefängnis verurteilt. Sechzehn Monate ohne Bewährung landete ein anderer junger Mann hinter Gittern, weil er Eiscreme gestohlen hatte.[74] Sieht so der Weg zu einer gerechten Gesellschaft aus?

Noch geht es uns gut in Deutschland. Noch sind soziale Unruhen nicht abzusehen. Aber die Warnzeichen dürfen nicht ignoriert werden. In einer angespannten emotionalen Gemengelage aus Frust, Perspektivlosigkeit und Ungerechtigkeit reicht ein Funke, und soziale Spannungen übersetzen sich in blinde Gewalt, die nicht mehr explizit politisch ist. Mit dem dumpfen Gefühl der Chancenlosigkeit, der Ohnmacht und Wut wächst auch die Bereitschaft zu Gewalt und Extremismus. Es ist eine Frage der Zeit, bis sich diese Wut entlädt – wenn wir die Augen verschließen.

Anstatt zum Straßenkampf zu greifen, entert die junge Generation in Deutschland die Parlamente – siehe den Erfolg der Piraten –, erobert das Internet und krempelt die Wirtschaft um. Das ist kein schlechtes Zeichen für den Zustand unserer Demokratie. Schade nur, dass die altvorderen Meinungsführer nicht so richtig wissen, wie sie mit dem Politikverständnis dieser Generation umgehen sollen.

Wir haben eine Ideologie: die Ideologiefreiheit

Unsere Ideologie ist Ideologiefreiheit – der geschlossene Glaube daran, dass wir an keine Ideologie mehr glauben wollen und dass dies auch gar nicht wünschenswert ist. Wir begreifen uns als Individuen, die sich einer gemeinsamen Weltanschauung weder unterordnen wollen noch können. Daran erkennen wir auch nichts Schlechtes. Wir glauben an keine letzte Wahrheit, keine selig machende Patentlösung oder bibelgleiche Erlösungsschrift. Stattdessen denken wir konkret über Probleme wie Klimaschutz und Bildung nach. In diesem Dogma des Undogmatischen und unserem kategorischen Pragmatismus sind wir in gewissem Sinne radikaler und rebellischer, als es die 68er je waren.

Auf einem Jugendumweltgipfel in Hamburg diskutierten die Teilnehmer über mögliche Auswege aus der Energiekrise. Ihr Fazit: Es gibt keine perfekte Lösung, die keinen Haken hätte. Man einigte sich auf Forderungen wie mehr Geld für Energieforschung und mehr Umweltbildung. Radikalen Versprechungen misstrauen junge Menschen – und träumen doch von einer irgendwie besseren Welt. Nur dass sie nicht wissen, wie genau der Weg dahin aussehen soll.

Die Befreiung von den Dogmen der 68er hat selbst linke Kreise nicht unverschont gelassen. Die Jusos stimmen nach ihrem Bundeskongress immer noch die *Internationale* an und strecken die linke Faust in die Höhe – aber diese Tradition wird nicht nur von den üblichen Verdächtigen am rechten Flügel zunehmend als anachronistische Folklore verspottet, und wäre der Liedtext nicht auf die Delegiertenkarten gedruckt, bliebe der Chor ohnehin ziemlich stumm. Wer sich links fühlt, fordert zwar sporadisch immer noch die Überwindung des Kapitalismus, doch mehr als rhetorisches Beiwerk ist das nicht. An manchen Unis organisieren sich zwar immer noch Marx-Lesezirkel, doch die hegen vielmehr intellektuellen Anspruch, als dass sie den Keim roten Terrorismus bergen würden.

Ein Anschauungsbeispiel ist die Kulturrevolution in der Frauenbewegung. Die neuen Feministinnen haben mit den Glaubenssätzen der 1970er nicht mehr viel gemein. Sie sind nicht gegen Pornos, nicht gegen Familie und nicht gegen Männer. Sie wollen Karriere machen, viel und guten Sex haben und vielleicht Kinder bekommen. Sie kämpfen gegen eine Gesellschaft, in der Frauen in Firmenvorständen nicht vorkommen, Emanzipation beim ersten Kind endet und Sexismus die Medien durchtränkt. Der moderne Feminismus definiert sich als cool und sexy und hat es dadurch geschafft, dass entspannter und befreiter über Gleichberechtigung diskutiert wird. Doch Übermutter Alice Schwarzer warf den Neofeministinnen vor, sie seien angepasst und belanglos. Die junggrüne Frauenpolitikerin Julia Seeliger kritisiert dagegen die »Verbohrtheit des Alters« und fordert: »Es ist Zeit, dass Schwarzer als Feministin Nummer eins abtritt.«[75] Meredith Haaf, Koautorin der Streitschrift *Wir Alphamädchen*, möchte mit den alten Dogmen ebenfalls nichts mehr zu tun haben: »Zunächst mal sind wir relativ ideologiebefreit. Deshalb wird uns auch manchmal vorgeworfen: ›Ihr seid ja gar keine richtigen Feministinnen.‹ Doch diese Kämpfe um Deutungshoheit wollen wir einfach nicht führen. Das Coole drückt sich darin aus, dass uns Feminismus Spaß macht, dass wir uns mit interessanten Themen beschäftigen, dass wir locker damit umgehen und nicht bei jedem Scheiß gleich auf die Barrikaden steigen.«[76]

Abzulesen ist der gewandelte Politikstil auch an den Studierendenvertretungen der Hochschulen, den Allgemeinen Studierendenausschüssen (AStA). Waren die AStA-Büros früher als uneinnehmbare Bastionen marxistischer Glaubenslehrer verrufen, werden sie nun pragmatischer und konzentrieren ihre Arbeit auf Hochschulpolitik und Service statt auf die Solidarität mit den Widerstandskämpfern in Chiapas. Torsten Hönisch, AStA-Vorsitzender an der Uni Hamburg und Vizechef des Juso-Landesverbands, findet diese Kulturrevolution in den Universitätsfluren ganz gut: »Natürlich kann ich Fundamentalopposition gegen alles machen. Dann bleibe ich ideologisch sauber, erreiche aber gar nichts.« Denn er weiß: Wer sich konkret für bessere Studienbedingungen einsetzt, erreicht schneller Fortschritte, als wenn er sich in fundamentaler Systemkritik verirrt.[77] Die modernen Studentenvertreter wettern gegen die verkorkste Hochschulreform und melden sich trotzdem rechtzeitig zur Prüfung an. Die Protestkultur hat sich verändert, aber den Idealen und Inhalten hat das nicht geschadet. Es ist eben nur aufgeräumter in den AStA-Büros.

Der Impetus des Klassenkampfes ist uns fremd. Wir sind in eine Ära der Entpolitisierung hineingeboren. Die »Konsensdemokratie« brauche keinen Streit mehr, wurde uns eingetrichtert. Es gebe kein Links und Rechts mehr, sondern nur noch die Mitte. Weil dieser »dritte Weg« angeblich Konflikte rational versöhnen könne, sei ein Wettbewerb der Weltanschauungen obsolet. Das Prinzip des Durchwurstelns hat die großen Gesellschaftsentwürfe ersetzt. Die Apologeten einer angeblich objektiv rationalen Politik unterschlagen jedoch, dass gerade der Streit unterschiedlicher Interessen das Herz der Demokratie schlagen lässt. Denn es gibt keine im objektiven Sinne »richtige« oder »falsche« Politik, sondern nur eine Politik für oder gegen bestimmte Interessen. Wenn Ressourcen zu verteilen sind oder abweichende Wertvorstellungen aufeinanderprallen, produziert der Aushandlungsprozess zwangsläufig Gewinner und Verlierer.

Unser Verhältnis zur Demokratie ist ambivalent: Wir befürworten zwar die Demokratie an sich. Vom konkreten politischen System erwarten wir uns aber nichts. Das Verständnis von Demokratie als ständigem Streit ist uns abhandengekommen – auch deswegen ist uns jeder ideologische Beigeschmack suspekt. Überhaupt sind wir mit dem Glaubenssatz aufgewachsen, es gebe keine Alternative zur heutigen Form von Marktwirtschaft und Demokratie. Wie also ein System kritisieren, von dem wir gar nicht wissen, dass es anders gemacht werden könnte? Wenn es keine Alternative zur angeblich einzig rationalen Realpolitik gibt, wofür lohnt es sich dann zu streiten?

Weil wir glaubten, ohnehin nichts ändern zu können, arrangierten wir uns lange genug mit den herrschenden Verhältnissen. Wir stellten die gesellschaftlichen Rahmenbedingungen nicht infrage, sondern suchten uns pragmatisch individuelle Lösungswege. Die staatliche Rente ist nicht mehr finanzierbar? Dann sorgen wir eben privat vor.

Es gibt keine sicheren Jobs mehr? Dann brauchen wir eben noch ein Praktikum oder noch einen Werkvertrag. Anders als etwa in Frankreich, wo die Jugendproteste von Universitäten oder Gewerkschaften ausgehen, begriffen wir uns als Einzelkämpfer. So gingen wir lieber auf Praktikumssuche statt auf die Barrikaden, schrieben lieber Bewerbungen als Parteitagsanträge.

Wir sind politisch. Nur anders

Warum kommt es nicht zum großen Knall? Weil die Welt unübersichtlich geworden ist. Weil es keinen allein Schuldigen mehr gibt. Weil alle großen Ideologien gescheitert sind. Weil im überladenen Bachelor-Studium und auf der Suche nach Job oder Praktikum keine Zeit zum Demonstrieren bleibt. Weil wir das Gefühl haben, ohnehin nichts ändern zu können. Weil wir lieber still, aber konkret im Kleinen und Privaten engagiert sind, statt Flugblätter zu tippen und Parolen zu skandieren. Wir sind nicht unpolitisch, sondern unverstanden. Wir machen Politik nur anders. Das Märchen von der Politikverdrossenheit der Jugend gehört in die Mottenkiste entsorgt. Unser Engagement wird von den Alten ignoriert, kleingeredet und ausgeblendet.

Tatsächlich ist es nicht das mangelnde Interesse, sondern schlicht der Mangel an attraktiven Beteiligungsmöglichkeiten, der viele von politischem Mitmachen verprellt: Nur knapp 14 Prozent der Jugendlichen sehen die Möglichkeit, im eigenen Wohnort politisch mitzuentscheiden. Das ergab eine repräsentative Bertelsmann-Umfrage unter 16 000 Jugendlichen. Fast 70 Prozent sind der Ansicht, junge Menschen sollten in der Politik mehr zu sagen haben. 78 Prozent wären grundsätzlich zu mehr Engagement bereit.[78] Nicht die Jugend ist politikverdrossen, die Politik ist jugendverdrossen!

Die Politik redet und handelt konsequent an der jungen Generation vorbei. Die Themen der Alten sind nicht die Themen der Jungen. Vom Lebensgefühl der jungen Generation haben die meisten Politiker keine Ahnung. Zugleich haben Jugendliche das Gefühl, ohnehin nichts ausrichten zu können, und trauen auch der Politik nicht zu, die Probleme lösen zu können. Ebenso wie die Politik die Jugend links liegenlässt, lässt auch die Jugend die offizielle Politik links liegen – nicht weil sie unpolitisch wäre, sondern weil sie einfach nichts mit dem politischen System anzufangen weiß. Allein so ist auch der Siegeszug der Piraten zu erklären: Wer die Piraten wählt, dem geht es nicht (nur) um eine liberale Netzgesellschaft, sondern um das Versprechen einer demokratischeren Demokratie.

Das Vertrauen junger Menschen in die (alten) Parteien und die staatlichen Institutionen schwindet. Darum sagen viele Jugendliche von sich selbst, sie seien nicht politisch interessiert: Sie reduzieren Politik auf das enge Spektrum der als gehaltlos empfundenen Parteipolitik. Die offizielle Politik ist für sie zu weit entfernt, zu abstrakt, zu inhaltsleer, zu langweilig, als dass sie sich damit identifizieren könnten. Wie soll es auch anders sein, wenn Parteien-Bashing zum

Volkssport geworden und das Ansehen von Politikern auf einen historischen Tiefstand gesunken ist? Nach aktuellen Umfragen fühlen sich drei Viertel der Jugendlichen von den Politikern weder ernst genommen noch ausreichend vertreten. Zwei Drittel trauen den Politikern nicht und sind überzeugt, von Wahlversprechen belogen zu werden.[79] Die Jugend funktioniert als Seismograf: Sie nimmt vorweg, was sich längst als gesamtgesellschaftlicher Trend abzeichnet.

Politik ist, was Politiker machen. Wer kein Politiker ist, macht keine Politik. Ein Politiker ist ein alter Mann im Anzug, der so abgehoben redet, dass ihn keiner versteht. Deshalb mache ich keine Politik und möchte kein Politiker werden. – Ungefähr so denken viele junge Menschen. »Wenn ich Politik höre, schalte ich ab. Klar, ich bin gegen Atomkraft und helfe bei unserem Fair-Trade-Projekt an der Schule. Aber mit Politik habe ich nichts zu tun.« Diese Worte einer Schülerin, mit der ich bei einem Fishbowl-Schülerforum diskutierte, machen klar, warum sich angeblich so wenig junge Menschen für Politik interessieren: Politik wird nicht als Teil des eigenen Lebens begriffen, sondern als eine weit entfernte Maschinerie, als schmutziges Geschäft. Bei einem Vortrag am Gymnasium in meinem Heimatort Tirschenreuth fragte ich: »Wer interessiert sich für Politik?« Kein Einziger hob die Hand. Später erzählten mir zwei Schüler, sie wollen auf jeden Fall zur Castor-Demo fahren. Andere kritisierten den örtlichen CSU-Abgeordneten, der bei der Berlin-Fahrt der Schule wohl nicht das beste Bild abgeliefert hatte. Nach dem Vortrag bildete sich eine Traube von rund zehn Schülern um mich, die mit mir begeistert diskutierten und dafür ihre Pause opferten. Aber mit Politik hat das alles natürlich nichts zu tun.

Die bekannte Indie-Band Madsen widmete der Anti-Atom-Widerstandsbewegung mit dem Stück »Sieger« eine Hymne und unterstützt die Castor-Proteste. »Aber«, sagt Sascha Madsen, »wir wollen mit Politikern, die unsere Nähe suchen, nichts zu tun haben – wir wollen nicht als PR-Staffage vereinnahmt werden.« Schließlich laufe man sonst Gefahr, »letztlich mit denen zu dinieren, die Ungerechtigkeiten mitzuverantworten haben«.[80] Ein Mitinitiator des Berliner Occupy-Camps antwortete auf die Frage, mit wem er politische Koalitionen schmieden wolle: »Wenn Occupy etwas mit Politik zu tun hat, dann will ich nichts mehr damit zu tun haben.« Aber was will denn Occupy bewirken, wenn nicht eine bessere Politik? Die Schriftstellerin Juli Zeh, eine der wenigen Intellektuellen der Mittdreißiger, die sich als explizit politisch begreifen, hat es gewagt, Farbe für die SPD zu bekennen. In ihrem Bekanntenkreis kam das nicht gut an: Man warnte sie vor Korrumpierung und ideologischer Vereinnahmung. Und als sich engagierte Jugendliche einmal auf einem globalisierungskritischen Kongress in Berlin die Köpfe heißredeten, welch fundamental andere Politik betrieben werden müsste, waren sie sich dennoch einig, wo sie ganz bestimmt *nicht* hinwollten: in die Parteien.

Parteien sind moralisch diskreditiert und werden als abgehobene Apparate wahrgenommen, woran das alltägliche Parteien-Bashing der Medien sicherlich nicht unschuldig ist. Die Friedrich-Ebert-Stiftung fragte Schüler im Alter von 16 bis 19 Jahren, was sie von Politikern halten. Vier Fünftel sagten, sie hätten mit Politik nichts am Hut. Grund sei die »absichtlich abgehobene Sprache der Politiker«. Aber genauso viele hielten es für wichtig, »dass sich die Menschen mit Politik auseinandersetzen«.

Die Nachwuchskrise der Parteien trifft die SPD am härtesten. Die Grünen wirken irgendwie lässig und cool – sie sind vielleicht die einzige etablierte Partei, die statt einer aktiven Jugendarbeit eher aktive Seniorenarbeit bräuchte; die CDU erbt man von den Eltern; doch die SPD ist nicht einmal von sich selbst überzeugt. Während der Schröder-Ära hat sie jede Glaubwürdigkeit verspielt. Mir fallen etliche Gründe ein, die SPD zu wählen, aber leider finden die sich eher in den Geschichtsbüchern als in der Tageszeitung. Die Partei, die einst gegen Hitlers Ermächtigungsgesetz votierte, mit Willy Brandt die Aussöhnung zwischen Ost und West ermöglichte, mit Helmut Schmidt ruhig durch die Ölkrise navigierte, die gemeinsam mit der Arbeiterbewegung für den Sozialstaat und gegen Ausbeutung kämpfte: Diese einst stolze SPD steht heute für Hartz IV, Riester-Rente und Antiterrorpakete. Statt sich selbstbewusst den »Willy wählen!«-Button an die Brust zu heften, kommen die Genossen heute kaum noch aus dem Sessel.

Aus Wut und Enttäuschung gaben viele ihr Parteibuch zurück. In der Schröder-Ära verließen rund 125 000 Menschen die Partei, das sind 16 Prozent der Mitglieder.[81] Seither betreibt die SPD Vergangenheitsbewältigung. Viele trauen ihr nicht mehr über den Weg. Wenn heute die SPD für den Mindestlohn, Vermögenssteuer und die Regulierung der Finanzmärkte eintritt, fragen sich die Menschen nicht grundlos, warum sie all die schönen Dinge nicht schon während Rot-Grün durchgesetzt hat.

»Es war ein bisschen so, als hätte ich gesehen, wie eine alte Frau stürzt, und darauf gehofft, dass sich andere schon kümmern werden.« – So schildert Nicol Ljubic seine Gefühle, als er vom historischen Tief der SPD las. Er fasste sich ein Herz, trat der Partei bei und brachte seine Erfahrungen in einem Buch zu Papier: *Genosse Nachwuchs – Wie ich die Welt verändern wollte.* Ähnliche Gefühle mussten einen Schulfreund von mir ergriffen haben, als er in einer Zeit, als alle austraten, unerschrocken in die SPD eintrat. Er hatte sich vorgenommen, die Zukunft der Sozialdemokratie selbst in die Hand zu nehmen – und wurde vom Alltag im typischen SPD-Ortsverein schnell ernüchtert. Er erzählt von einer Mitgliederversammlung mit 20 Leuten, davon mit zwei Ausnahmen alle um die 60 Jahre alt. Sein Auftauchen wurde gleichsam als »Jahrhundertwunder« gefeiert. Als er von seinen Ideen sprach, war die Diskussion schneller zu Ende, als sie angefangen hatte: »Auf Tätigkeit hatte keiner Lust, und was das Internet bringt, habe man in den Wahlkämpfen gesehen. Es gab keinerlei Möglichkeit, in irgendeiner Weise eine gehaltvolle Diskussion zu führen. Zu weit auseinander lagen die Lebenswelten zwischen mir und den allermeisten Mitgliedern. Weniger die Lebensjahre trennten uns als vielmehr die völlig verschiedene Politikauffassung. Die einzigen mir zugetragenen Aktionsvorschläge handelten von Anti-CSU-Parolen beziehungsweise entsprechenden Taktiken und eventuell möglichen Angriffen auf diese durch die Medien. Ein eigenes Profil? Um Gottes willen, nein.« Überhaupt, so wurde ihm schnell vertrauensvoll ans Herz gelegt, solle man sich schon aus beruflichen Gründen gründlich überlegen, ob man sich im schwarzen Bayern wirklich als Sozi outen wolle – schließlich könnte das SPD-Parteibuch die Karriere gefährden. Diese Szene entspricht leider genau der Stimmungslage im durchschnittlichen SPD-Ortsverein. Wirksamer kann der Elan junger Menschen nicht erstickt werden.

Selbst wer sich für Politik interessiert, findet die klassischen Parteien nicht sonderlich attraktiv. Wer erst eine beschwerliche Ochsentour hinter sich bringen muss, bevor er wirklich mitreden darf, überlegt es sich zweimal, ob er seine Zeit nicht lieber bei einem Umweltverband oder einer Menschenrechtsorganisation investiert, wo er außerdem mehr Spaß hat. Parteisitzungen mit Grußworten, Nachrückverfahren und Delegiertenschlüsseln sind uns zu verstaubt und verkrustet, zu langwierig und langweilig. Wir wollen anpacken und nicht Geschäftsordnungsanträge diskutieren; die Welt verändern und nicht Luftballons aufblasen; konkret mitmischen und nicht Machtkämpfe um Listenplätze und Mandate austragen. Für uns ist Parteiarbeit zu viel Aufwand für zu wenig Ergebnis. Parteien halten wir für ineffizient.

Die nervige Diskussionskultur im durchschnittlichen Ortsverein ist vor allem dem hohen Durchschnittsalter geschuldet: die Rechthaberei vieler Alter, die es schon immer besser gewusst haben, die sich selbst natürlich nie für zu alt halten, die ihre eigene Jugendzeit nostalgisch verklären, die despektierlich und paternalistisch mit Jugendlichen umgehen. Mit neuen Ideen beißen diese auf Granit, denn: »Das haben wir schon damals ausprobiert, das funktioniert nicht.« Diesen

Frust wollen wir uns ersparen. Selbst die fünfte Wiederholung irgendeines Hollywood-Streifens ist spannender als die Vereinsmeierei mit ritualisierten Grußworten und den Pokalen des Wandervereins in der Vitrine.

Die Mühen würden wir noch auf uns nehmen, wenn es eine Partei gäbe, in der wir uns voll und ganz wiederfinden könnten. Das alte Parteienschema des Industriezeitalters mit seinen relativ klaren Klassen und Weltanschauungen passt aber nicht mehr in die postmoderne, in Milieus zergliederte Gesellschaft. Auf die Frage, ob sie sich eher links oder rechts einordnen, antwortet jeder vierte junge Erwachsene: Je nach Thema.[82] Wenn es um Energiepolitik geht, würde jemand beispielsweise die Grünen wählen, wenn es um das Internet geht, die Piraten, und wenn es um soziale Gerechtigkeit geht, die SPD. Das Parteienschema erlaubt aber keine solche Patchwork-Politik. Eine 50-Prozent-Trefferquote mit dem Wahlprogramm ist uns zu wenig. Dafür sind wir zu idealistisch, zu kompromisslos. Wir möchten uns kein ideologisches Korsett überstülpen lassen.

Ohnehin misstrauen wir den Abgründen der sogenannten Parteipolitik, bei der machtpolitisches Taktieren mehr zählt als die Inhalte. Kommt ein guter Vorschlag von der falschen Partei, muss man ihn in die Tonne treten, kommt der größte Mist von der eigenen Partei, muss man Halleluja rufen. Die Eigenlogik von Regierung und Opposition, die sich gegenseitig Untätigkeit und Inkompetenz vorwerfen, empfinden wir als sinnlos und abschreckend.

Das mag sich nach einfältiger Parteienschelte anhören, aber das ist das subjektive Gefühl, das selbst viele politisch interessierte Menschen – nicht nur Jugendliche – erleben. Ich habe viele Freunde und Bekannte, die sich bis zur Erschöpfung für die Gesellschaft einsetzen, die aber nicht im Traum daran denken würden, einer Partei beizutreten. Die wenigen Unerschrockenen, die sich zu einem Parteibeitritt durchringen, treten oft bald wieder aus oder enden als Karteileichen. Ich kenne niemanden, der eine Partei wählt, weil sein Herz für diese Partei brennt – selbst nicht unter denjenigen, die an vorderster Front aktiv sind. Vielmehr geht es um das Arrangement mit dem kleineren Übel. Bauchschmerzen hat man immer.

Parteien streiten sich intern um Halbsätze in ellenlangen Antragsdokumenten, die außerhalb ihrer Parallelwelt keinen interessieren. Die dicken Antragsbücher auf den Parteitagen lesen nicht einmal die meisten Delegierten, die über die Anträge befinden sollen. Man hebt die Karte, wenn der Delegationsleiter die Karte hebt. Uns Jungen geht es aber nicht um Wortklauberei, sondern um die Botschaft, um Identifikation, um Empathie. Das politische System ist hermetisch abgeriegelt vom Leben der meisten Menschen. Wer Parteienskepsis mit Politikverdrossenheit verwechselt, hat die Jugend nicht verstanden.

Engagement manifestiert sich heute nicht mehr als Revolte gegen das Establishment, sondern ist zivilgesellschaftliches Problemlösen und eigenverantwortliches Anpacken. Jenseits der etablierten Politik suchen sich Jugendliche andere Wege, sich auszudrücken und sich in die Gesellschaft einzubringen – weg von den Parteien und traditionellen Verbänden hin zu informellen, spontanen, selbstorganisierten und basisbezogenen Initiativen und Netzwerken. Sie ziehen konkrete, zeitlich befristete Projekte vor, mit denen sie sich persönlich voll und ganz identifizieren können und für die sie sich nicht langfristig an eine Organisation binden müssen. Sie haben keine Lust auf Parteiämter und uferlose Debatten dicker Antragsbücher, sondern werden lieber in ihrer eigenen Lebenswelt praktisch aktiv.

Junge Menschen zeigen auf ihre ganz eigene Weise Courage: Abiturienten, die nach der Schule ein freiwilliges ökologisches oder soziales Jahr absolvieren; Studierende, die von weniger als Hartz IV leben, aber trotzdem Bio kaufen und Ökostrom beziehen; die vielen Vegetarierinnen und Vegetarier, die aus ethischer Überzeugung kein Fleisch essen. Meine Exfreundin Amanda hilft bei der Initiative *Arbeiterkind.de*, um junge Menschen aus Arbeiterfamilien auf dem Weg zu Abitur und Studium zu unterstützen. Meine Ex-Mitbewohnerin Lillian übernahm eine Patenschaft für ein Kind in Afrika. Mein ehemaliger Kommilitone Sebastian Haselbeck trat einen Job bei der neuen Google-Denkfabrik an, um einen mächtigen Internetkonzern und die Politik zugleich mit seiner Idee eines »gläsernen Staats« zu infizieren. Roman Dashuber hat die Green Music Initiative gegründet und berät seitdem Musikfestivals und Clubbetreiber in Sachen Energieeffizienz und Klimaschutz. Lamia Özal wirbt mit ihrem Verein »Deukische Generation« für ein besseres Verständnis zwischen Deutschen und Türken. Internet-Startup-Gründer wie Hannes Klöpper von *iversity* bringen den Hörsaal ins Internet, revolutionieren wie der Bildungsaktivist Basti Hirsch unser Verständnis von Lehren und Lernen, oder sie sorgen wie Gregor Hackmack mit *Abgeordnetenwatch.de* für mehr Transparenz und Dialog zwischen Bürgern und Politikern. Junge Weltenbummler organisieren Schulpartnerschaften mit Entwicklungsländern, wie Matti Spiecker mit der Stiftung Weltklasse, oder gründen Nord-Süd-Gemeinschaften für fairen Handel, wie Moritz Waldstein mit dem »Coffee Circle«. Grundschulkinder starten Baumpflanzaktionen, wie Felix Finkbeiner mit »Plant for the Planet«.

Die modernen Revoluzzer organisieren Flashmobs wie die »Bücher-umstell-Aktion«, bei der sie die rassistischen Pamphlete von Thilo Sarrazin in den Buchhandlungen unter Kategorien wie »deutsche Kochbücher« einsortierten. Sie programmieren eine Green Map, mit der man im Internet auf Knopfdruck Orte der Nachhaltigkeit finden kann. Sie organisieren Eat-ins, um auf die überbordende Lebensmittelverschwendung aufmerksam zu machen. Sie überreden die Betreiber von Kiosken, Imbissbuden oder Blumenläden zu Investitionen in die energetische Umrüstung ihrer Geschäfte, im Gegenzug wird ihr Laden durch internetorganisierte Shopping-Aktionen von Kunden überrannt (»Carrotmobs«). Sie montieren Solaranlagen auf Uni-Dächern und organisieren Ringvorlesungen über nachhaltiges Wirtschaften. Sie unterrichten bei TeachFirst als Lehrer auf Zeit an Schulen in sozialen Brennpunkten oder feilen an Lösungen für wirksame Klimaverträge und eine gerechte Welthandelsarchitektur. Es gibt viel zu tun – sie packen es an. Kaum einer dieser topengagierten Jugendlichen hat eine Parteifunktion. Nur die wenigsten sind auf Demos zu sehen.

Auf die Straße zu gehen, halten viele für destruktiv und

ohnehin wirkungslos. In die Parteien zu gehen, halten viele für korrumpierend und ohnehin sinnlos. Sich hinter einer radikalen Forderung zu versammeln, halten viele für undifferenziert und ohnehin aussichtslos. Über etwas wütend zu sein, über einen Missstand in Rage zu geraten, halten viele für naiv und ohnehin hoffnungslos. Das sind die emotionalen Motive, warum diese Generation ein völlig anderes Verständnis davon hat, wie sie Gesellschaft gestalten will. Längst haben die Parteien ihr Monopol auf politische Partizipation zugunsten sozialer Unternehmen, zivilgesellschaftlicher Organisationen und unzähliger informeller Initiativen verloren: ein Engagement, das hinter den Kulissen statistischer Messbarkeit stattfindet. Als »effizienten Idealismus« bezeichnet Manuel Hartung, Ex-Chefredakteur der *Zeit Campus*, diesen neuen Typus des Engagements: Statt ferner Utopien kämpfen wir für konkrete Ziele.

Hatten wir nicht von den 68ern gelernt, dass das Private auch politisch ist? So viele junge Väter nehmen Elternzeit, dass der Etat für das Elterngeld aufgestockt werden musste – ist das nicht auch eine Form der Gesellschaftsveränderung, eine direkte und praktische Umsetzung der Gleichstellung der Geschlechter? Die Studenten, denen es am Geld für das Bier in der Kneipe fehlt, die aber dennoch im Supermarkt zu den Biokarotten greifen, oder die Berufseinsteiger, die ihren ersten Lohn in den Bioladen tragen – ist ihr Konsumverhalten nicht auch ein politischer Akt? Ist das halblegale Feiern von Elektro-Partys in Sparkassenfilialen, ist sozialkritische Straßenkunst nicht auch ein Ausdruck der Rückeroberung öffentlichen Raums?

Demonstrationen gegen Atomkraft, Bildungsklau oder Neonazis sind nur der sichtbarste Teil des bunten Spektrums des Engagements. Wer heute seine Meinung sagen will, schreibt einen Blog. Wer heute etwas bewegen will, gründet ein Sozialunternehmen oder heuert bei einer Consultingfirma an. In der Wirtschaft, so die Überzeugung, lässt sich schneller gesellschaftliche Veränderung anstoßen als in der Politik. Daran mag man seine Zweifel haben, aber so empfinden die meisten topengagierten Jugendlichen.

Wir sind praktische Visionäre, die lieber konkret Hand anlegen, anstatt Scheingefechte über den richtigen Weg zur Revolution auszutragen.

Wie lange sollen wir noch warten?*

Forderungen einer schlecht vertretenen Generation

Alle Politiker beschwören die Regierung, nicht noch mehr Schulden für die nachrückenden Generationen anzuhäufen – gleichzeitig werden trotz neuer Verschuldungsrekorde fette Steuergeschenke an laute Interessengruppen verteilt. Die Kanzlerin ruft die »Bildungsrepublik Deutschland« aus – während der Bildungsetat gerade auf den Stand der 1990er Jahre zurückkehrt. Die Rentenversicherung wurde angeblich nachhaltig saniert, doch den heute jüngeren und mittleren Jahrgängen droht Altersarmut. Die Sozialministerin eröffnet einen großen Rentendialog, aber die Jugend fehlt am Verhandlungstisch. Während die Alten mit Rentengarantien bedacht werden, wird selbst ein Minimalschutz gegen Praktikantenmissbrauch nach langem Hin und Her zerredet. Und beim Thema Jugendpolitik fällt den meisten Politikern ohnehin nur das Verbot von »Killerspielen« ein.

---

* Sportfreunde Stiller (2002)

Warum geht es in jedem Gespräch über das Miteinander der Generationen nur um die Alten oder die Eltern? Kinder und Jugendliche kommen nicht vor – es sei denn als Hochbegabte, die es mit Elitestipendien zu fördern gilt, oder als Amokläufer und Komasäufer, die es mit der Härte eines Polizeistaats in Schach zu halten gilt. Kinder und Jugendliche haben keine Lobby. Sie werden mit symbolischen Alibiaktionen abgespeist, nicht ernst genommen und nicht verstanden.

Könnten künftige Generationen mit abstimmen, würde eine auf die Gegenwart ausgerichtete Politik keine Mehrheit mehr finden. Die Stimme der nachrückenden Generationen wird überhört, sie geht im Lärm und Getöse der Interessengruppen unter. Und niemand wird die Politiker je dafür zur Verantwortung ziehen können, weil sie die langfristigen Folgen ihres Handelns nicht mehr miterleben werden. Was sie anrichten, müssen kommende Generationen ausbaden.

Wir brauchen Fürsprecher der Generationen von morgen: ein Zukunftsgewissen. Also eine Art Ombudsgremium, das mit der schwierigen, aber ehrenwerten Aufgabe betraut ist, die Stimme der nachrückenden Generationen zu vertreten – nicht bloß als weiteres Beratungsorgan, sondern als prominenter Akteur im politischen Verhandlungsprozess, ohne dabei allerdings die Hoheitsrechte des demokratisch gewählten Parlaments zu berühren. Die Knesset, das israelische Parlament, hat eine solche Kommission für künftige Generationen geschaffen. Die Kommission ist dort eine anerkannte Stimme, wenn es um Vorhaben geht, deren Wirkungen lange in die Zukunft reichen. Sie äußert sich zu Gesetzesentwürfen, entwickelt eigene Anregungen und Vorschläge und weist auf kritische Entwicklungen hin. Sie hat kein Vetorecht, sondern nährt ihre Autorität aus ihrer Unabhängigkeit von parteitaktischer Tagespolitik und ihrem wohlüberlegten Rat. Das könnte auch für Deutschland ein interessantes Modell sein.

Die Gegenwartsorientierung wurzelt in einem inhärenten Strukturdefizit der Demokratie: Die kurzen Wahlperioden verführen zu einer Politik, die mehr die Interessen der eigenen Klientel und der Wahlbevölkerung im Blick hat als die Rechte nachrückender Generationen. Denn die Politiker müssen das eigene Mandat erhalten und Zukunftsinteressen unterordnen, wie Altbundespräsident Richard von Weizsäcker erkannt hat: »Allgemein gesagt ist jede parlamentarische Demokratie auf einem Strukturproblem aufgebaut, nämlich der Verherrlichung der Gegenwart und der Vernachlässigung der Zukunft. Es ist nun einmal so, dass wir nicht anders regiert werden können und regiert werden wollen als durch auf Zeit gewählte Vertreter, die mit ihrem Angebot zur Lösung der Probleme gar keinen weiteren Dispositionsspielraum zur Verfügung gestellt bekommen als den ihrer Legislaturperiode. Damit will ich nicht behaupten, dass die gesamte politische Repräsentanz keinen Sinn für langfristige, zukünftige Aufgaben hätte. Nur steht sie vor der Notwendigkeit, sich Mehrheiten zu beschaffen.«[83]

Bei dieser Mehrheitsbeschaffung können allerdings die künftigen Generationen nicht mitwirken – nicht einmal die erste nachrückende, also die heute junge Generation, da alle unter 18-Jährigen vom Wahlrecht ausgeschlossen sind. Der

Politikprofessor Wolfgang Merkel von der Humboldt-Universität zu Berlin schreibt: »Reformen, die erst in weiterer Zukunft ihre Früchte tragen, sind für Politiker, die wiedergewählt werden wollen, auf dem Wählermarkt irrational. Das Interesse an der Maximierung von Stimmen und der Durchsetzung einer bestimmten Politik kollidieren unter solchen Bedingungen.«[84]

Das Wählerheer der Alten und die einflussreichen Wirtschaftslobbys werden reich beschenkt. Die Zeche zahlen die Jungen. Während den Alten eine Rentengarantie zugesagt wird, während die Banken mit unvorstellbaren Summen gestützt und Autokonzerne und Kohlebergbau mit Milliarden subventioniert werden, bekommen wir Jungen: nichts. Gespart wird bei der Bildung, bei der sozialen Gerechtigkeit und bei der Umwelt. Anstatt die hohen Kredite für ein längst überfälliges Zukunftsinvestitionsprogramm zu verwenden, wurde die Vergangenheit in Form von Rentengarantie, Abwrackprämie und Hypo Real Estate teuer gerettet. Die Gestaltungsfreiheit der Politik wird sich unter dem Zinsdiktat des Schuldenbergs weiter verschmälern, infolgedessen wird das Parlament zum Insolvenzverwalter der Republik degradiert.

Weit schwerer als alle finanziellen Staatsschulden wiegt aber unsere ökologische Staatsverschuldung: Die Erde heizt sich auf. Wetterextreme wie Dürren und Fluten nehmen zu. Die Gletscher schmelzen. Genießbares Wasser, fruchtbares Land und Nahrungsmittel werden knapp. Schon heute sind mehr Menschen auf der Flucht vor Umweltkatastrophen als vor Kriegen. Zugleich spitzen sich bewaffnete Konflikte um

Land, Wasser und Energierohstoffe wie Erdöl und Erdgas zu. Die Artenvielfalt wird vernichtet, die letzten Urwälder werden abgeholzt. Die fossilen Rohstoffreserven werden in atemberaubender Geschwindigkeit geplündert. Unser Atommüll ist Hunderttausende Jahre tödlich für menschliches Leben. Ein sicheres Endlager für eine so lange Zeit zu bauen ist schlicht ein Ding der Unmöglichkeit. Wir heute Jungen werden auf einem ökologisch fragilen Planeten leben, während die dafür verantwortlichen Entscheidungsträger längst aus dem Amt – oder gar nicht mehr am Leben – sind.

Bei der Debatte um Generationengerechtigkeit geht es nicht um Verjüngungswahn, sondern um Fairness. Die junge Generation wird links liegengelassen und mit Rhetorik und Symbolpolitik abgespeist. Wir müssen den Ausverkauf der Zukunft stoppen.

Schafft faire Arbeit!

Der Berufseinstieg ist heute eine unsichere Angelegenheit: eine langwierige Einfädelungsphase aus unbezahlten Praktika, miesen Löhnen, Leiharbeit, Werkverträgen und Befristungen. Mehr als jeder zweite neue Job entspricht diesen prekären Bedingungen. Zugleich wird das soziale Netz dünner. Die »Generation Praktikum« droht auf einem niedrigeren Wohlstandsniveau hängenzubleiben als ihre Elterngeneration. Das Armutsrisiko steigt, vor allem für junge Erwachsene, noch mehr für junge Familien.

Mit der Ausbreitung von Scheinpraktika haben prekäre Verhältnisse inzwischen sogar bei der höchstqualifizierten Bevölkerungsschicht, den Hochschulabsolventinnen und -absolventen, Einzug gehalten. Der in den Medien oft übertrieben dargestellte Missbrauch von Praktika ist zwar kein Massenphänomen, aber dennoch ein deutlicher Trend, der weder hysterisiert noch verharmlost werden sollte. Fakt ist: Unter Studierenden herrscht ein regelrechter Praktikumswahn. Einige sammeln Praktika wie seinerzeit die 68er-Langzeitstudenten die Semester. Immer mehr Unternehmen missbrauchen die Leistungsbereitschaft, um reguläre Vollzeitstellen wegzurationalisieren.

Die offiziellen Zahlen des Bundesarbeitsministeriums sprechen für sich: Mehr als die Hälfte aller Praktika nach abgeschlossener Ausbildung (!) ist Gratisarbeit, mehr als weitere zehn Prozent werden nur unangemessen bezahlt. Mehr als vier Fünftel der Praktikanten werden wie normale Arbeitskräfte eingesetzt. Zwei Drittel werden weder von der Firma in eine reguläre Beschäftigung übernommen, noch finden sie woanders einen festen Job, sondern hangeln sich weiter entlang an Praktika, Befristungen und Arbeitslosigkeit.[85] Fertig ausgebildete junge Leute werden als billige und willige Arbeitskräfte missbraucht! Manche Unternehmen bieten sogar mehr Praktika als reguläre Stellen an, um arbeitsrechtliche Vorschriften zu umgehen und Lohnkosten zu sparen. Bei den DAX-Unternehmen wurde zwischenzeitlich ein Anteil von 40 Prozent Praktika an allen Stellenausschreibungen verzeichnet.[86] »Immer häufiger kompensieren Unternehmen abgebaute Vollzeitstellen mit schlecht oder gar nicht entlohnten Praktikumsstellen und besetzen diese mit Absolventen«, kritisiert das *Handelsblatt*-Karrieremagazin.[87] Die gängige Praxis grenzt bisweilen an sittenwidrige Löhne, Schwarzarbeit und Versicherungsbetrug. Verlierer sind nicht nur die jungen Menschen selbst, sondern auch Staat und Sozialkassen, denen Steuern und Beiträge entgehen.

Ein Minimalschutz gegen unfaire Beschäftigung, wie sie der Verein Fairwork fordert, ist dringend geboten. Praktikanten sind zur Ausbildung da, nicht zur Ausbeutung. Pikanterweise erhalten selbst im Bundesarbeitsministerium die Praktikanten keine Vergütung, sondern werden mit Essensgutscheinen wortwörtlich abgespeist. Dabei amtiert Arbeitsministerin Ursula von der Leyen als Schirmherrin der Unternehmensinitiative »Fair Company«, deren Richtlinien unter anderem eine Aufwandsentschädigung vorschreiben. Wer sich in einer solchen Position vor eine Initiative stellt, aber deren Kriterien im eigenen Hause missachtet, hat jede Glaubwürdigkeit verspielt.

Der Missbrauch von Praktika ist nur die Spitze des Eisbergs. Nicht nur die typischen sozialen und geisteswissenschaftlichen Fächer sind vom Trend zu unsicheren und schlecht entlohnten Beschäftigungsformen betroffen, sondern beispielsweise auch Psychologen, Ärzte, Architekten und Betriebswirte. Ein Studium ist immer noch die beste Versicherung gegen Arbeitslosigkeit, aber der Berufseinstieg wird auch für Akademikerinnen und Akademiker härter.

Leiharbeit, Befristungen, Niedriglöhne und andere Formen atypischer und meist ausbeuterischer Beschäftigung breiten sich aus und treffen am schlimmsten junge Leute – am härtesten die Hauptschüler. War der Hauptschulabschluss früher der direkte Einstieg ins Arbeitsleben, so bekommt heute nur noch jeder zweite Schulabgänger eine Lehrstelle.[88] Scheinbar paradox: Gleichzeitig zum *Lehrstellen*mangel klagen einige Branchen über *Lehrlings*mangel, weil Betriebe keine geeigneten Bewerber finden. Das Bildungssystem versagt, die Jugendlichen auf den Arbeitsmarkt vorzubereiten, und wegen der Alterung der Bevölkerung und dem Wegzug der besser Gebildeten treten vor allem in strukturschwachen Regionen weniger Jugendliche in den Arbeitsmarkt ein. Eine doppelte Ausbildungskrise: Insgesamt fehlen Lehrstellen, während branchenweise händeringend Bewerber gesucht werden.

Jugendliche fit für die Ausbildung zu machen muss ins Zentrum der Schul- und Arbeitspolitik rücken. Doch dort sind alle Ampeln auf Abwarten geschaltet: Der demografische Wandel werde die Probleme auf dem Arbeitsmarkt ohnehin bald von selbst lösen, weil die geburtenstarken Jahrgänge in den Ruhestand gehen und weniger Arbeitskräfte neu ins Erwerbsleben treten. Irgendwann werde jeder gebraucht. Die Fehlentwicklungen auf dem Arbeitsmarkt demografisch wegzudefinieren und zur Geduld zu raten, halte ich allerdings für naiv bis gefährlich. Eine Entlastung wird es geben, keine Frage. Aber was passiert, wenn die Nachfrage nach bestimmten Qualifikationen nicht zum Angebot an Arbeitskräften passt – ein sogenannter »mismatch« eintritt? Soll man den arbeitslosen Jugendlichen antworten: Sorry, selbst schuld, wenn ihr nicht das Richtige gelernt habt? Was ist mit den jungen Menschen, die heute und nicht erst in ein paar Jahren einen Ausbildungsplatz oder einen Job suchen? Soll man ihnen raten, einfach abzuwarten, bis sich ihre Probleme von selbst lösen? Dies wäre doch ein sehr lakonischer Ratschlag für junge Menschen, die zu Recht ungeduldig sind und heute Lösungen erwarten. Für junge Leute, die heute nach einer Lehrstelle suchen und als »nicht ausbildungstauglich« abgewiesen werden, wird es auch in Zukunft wenig Hoffnung geben. Wir müssen verhindern, dass die Wirtschaft boomt und gleichzeitig den Unternehmen die Fachkräfte ausgehen. Abwarten ist die falsche Devise. Die Schulen müssen endlich die beste individuelle Förderung für jede und jeden garantieren.

Eine Politik der Entprekarisierung ist gefragt. Heute darf ein Arbeitnehmer innerhalb von zwei Jahren dreimal mit einem befristeten Vertrag in der gleichen Firma abgespeist werden – ohne Angabe von Gründen. Um herauszufinden, ob der Arbeitnehmer zum Unternehmen passt, dürfte dabei doch die Probezeit reichen, und für die Flexibilität sollte auch dessen Befristung auf nur ein statt zwei Jahre genügen. Eine Endloskette von sachgrundlosen Befristungen darf nicht länger erlaubt sein. Zudem sollten Überstunden gesetzlich begrenzt werden, um die Arbeit auf mehr Köpfe zu verteilen, anstatt die Dichotomie Vielarbeiter versus Arbeitslose zu zementieren.

Leiharbeit ist ein sinnvolles Instrument, um Schwankungen auf dem Arbeitsmarkt auszugleichen, darf aber nicht dazu missbraucht werden, um Lohnkosten zu sparen und Sozialstandards auszuhebeln. Wegen Öffnungsklauseln und Billigtarifen verdienen Leiharbeiter zwischen 30 und

50 Prozent weniger als ihre fest angestellten Kollegen, obwohl sie die gleiche Arbeit verrichten. Leiharbeiter sammeln zudem weniger Rentenansprüche und erhalten weniger Weiterbildung. Sie lassen sich ausbeuten, weil Leiharbeit und Werkverträge der letzte Strohhalm sind, nach dem sie greifen können.[89] Das »Equal Pay«-Gesetz, wonach Leih- und Zeitarbeiter für die gleiche Arbeit den gleichen Lohn wie Festangestellte bekommen müssen, muss endlich wirksam durchgesetzt werden.

Was an Unfairness für die Jüngeren hinzukommt, sind die vielen Senioritätsprivilegien in deutschen Besoldungstabellen und Tarifverträgen, die direkt oder indirekt am Lebensalter anknüpfen. Ältere bekommen mehr Lohn, genießen einen deutlich besseren Kündigungsschutz, haben mehr Urlaub und müssen weniger Arbeitsstunden pro Woche leisten als ihre jüngeren Kollegen. Das ist nicht fair gegenüber den Jungen, die sich eine eigene Existenz aufbauen müssen, vielleicht eine Familie gründen wollen und Perspektiven für ihr Leben brauchen. Gewerkschaften und Arbeitgeber sollten endlich innovativere Konzepte finden als die Vergütung nach Alter oder Berufsjahren. Altersprivilegien gehören abgeschafft zugunsten höherer Einstiegslöhne und besseren sozialen Schutzes für die Jüngeren. Junge Menschen sind keine Arbeitnehmer zweiter Klasse!

Macht Deutschland zur Bildungsrepublik!

Während meiner Studienzeit an der Uni Regensburg war Papst Benedikt einmal höchstpersönlich zu Besuch. Er war dort Honorarprofessor für Dogmengeschichte, und darauf ist die Uni mächtig stolz. Deshalb wollte man in besonders gutem Glanz erstrahlen: Der Weg von der Eingangstür bis zum großen Hörsaal, dem Audimax, wurde gefliest.

Der »Papstweg« fällt ins Auge. Denn das Gros der Böden in den Unigebäuden besteht aus unansehnlichen Pflastersteinen, wie man sie sonst nur von Gehwegen kennt. Die Betonwände haben noch nie einen Strich Farbe gesehen. Manche Flure können bei starkem Regen nicht mehr trockenen Fußes durchquert werden, weil die Bausubstanz löchrig ist und das Wasser durchtropft. Selbst einige Regale der Bibliotheken müssen mit Planen abgedeckt werden. Die Philosophische Fakultät ist mit Bauzäunen umstellt, zum Schutz der Passanten vor herausbrechenden Gesteinsbrocken. Beinahe wäre sogar der Rektor von einem Gesteinsbrocken erschlagen worden, der sich aus der Betonfassade gelöst hatte und neben ihm auf den Bauzaun krachte. »Das war ganz schön knapp«, erinnert sich der Rektor, der noch mit dem Leben davonkam. Jahre später ist das Gebäude immer noch marode: »Für eine Sanierung fehlt uns das Geld.«[90] Würden die Studenten die Warnschilder »Betreten auf eigene Gefahr« ernst nehmen, dürften sie keinen Fuß mehr auf den Campus setzen.

Kein Einzelfall: Auch an der Uni Köln wird das Studieren zu einem Abenteuer, wenn Fangnetze in den Hörsälen vor herunterfallenden Lampen schützen sollen. An der FH Köln wurden Regenrinnen an die Decke montiert, um das eindringende Regenwasser abzuleiten. An der Uni Bochum spannen die Studenten schon mal Schirme auf, um in der Bibliothek trockene Köpfe zu behalten. In Tübingen helfen Bauzäune, die Brandschutzbestimmungen provisorisch einzuhalten. Undichte Dächer, kaputte Tische, bröckelnde Wände und Decken, defekte Feuermelder – die Mängelliste deutscher Hochschulen ließe sich ellenlang fortsetzen.[91] Die deutschen Hochschulen sollen in der ersten Liga spielen, doch gleichzeitig wird die Bildung kaputtgespart.

Das Knausern bei den Bildungsinvestitionen, sei es bei den Universitäten, bei den Schulen oder der frühkindlichen Bildung und Betreuung, verschiebt gewaltige Lasten in die Zukunft. In einem Land, dessen wichtigster Rohstoff bekanntlich seine Köpfe sind, leidet die junge Generation unter zu schlechten Studienbedingungen. Alle Exzellenz-Initiativen verkommen zum bloßen Ablenkungsmanöver, wenn sonst allerorten *an* der Zukunft gespart wird, anstatt *für* die Zukunft zu sparen. So mag vielleicht die schwarze Null im Staatshaushalt näher rücken, doch die wirkliche Belastung nachrückender Generationen wächst umso schneller.

Über die Weihnachtszeit machen viele Unis ihren Betrieb dicht, um Heizkosten zu sparen. Würde man die Unis energetisch sanieren, könnten die Heizkosten dauerhaft um mindestens ein Drittel gesenkt werden. Doch selbst in Zeiten, in denen sich die Kanzlerin vor schmelzenden Eisbergen fotografieren lässt, sind für diese Investition in Nachhaltigkeit keine Mittel übrig.

Im internationalen Vergleich bewegen sich die Bildungsausgaben in Deutschland im hinteren Mittelfeld. Zwischen 1995 und 2008 hat Deutschland sein Bildungsbudget im Verhältnis zu seiner Wirtschaftskraft sogar verringert, von 5,1 auf 4,9 Prozent des BIP – deutlich unter dem Durchschnitt der Industrieländer von 5,9 Prozent. Nur sechs von 36 OECD-Staaten ist ihre Jugend noch weniger wert.[92]

Leere Köpfe sind noch schlimmer als leere Kassen. Die fehlenden Mittel holt man sich bei der jungen Generation, die für ihre Bildung immer tiefer in die Tasche greifen soll. Doch Studiengebühren machen ein ohnehin schwer durchdringbares Bildungssystem noch undurchdringlicher. Sie zwingen Studierende zu (noch mehr) Nebenjobs, womit sie nicht nur die reguläre Beschäftigung verdrängen, sondern auch weniger Zeit für Studium und Engagement lassen. Die Abhängigkeit von den Eltern steigt, die Chance auf ein selbstbestimmtes Leben und eine selbstbestimmte Studienwahl sinkt. Die zur Studienfinanzierung aufgelaufenen Schulden machen den Aufbau einer eigenen Existenz schwer und damit auch die Gründung einer eigenen Familie. Oftmals reichen die Einnahmen aus der Campus-Maut nicht einmal aus, um die durch vorherige Etatkürzungen entstandenen Löcher zu stopfen. Wenig erstaunlich ist daher, dass die meisten Studierenden die Verwendung ihrer Gebühren als »mangelhaft« beurteilen.[93] Das Bezahlstudium hat den Praxistest nicht bestanden.

Wäre ein kostenfreies Studium aber nicht ungerecht gegenüber Arbeitern? Soll ausgerechnet die Gemüseverkäuferin die Studienplätze wohlhabender Anwaltssöhne finanzieren?

Diese Argumentation greift zu kurz. Schließlich profitieren auch die Kinder der Verkäuferin von einem kostenfreien Studium – denn Studiengebühren machen es gerade ihnen erst recht unmöglich, im Bildungssystem aufzusteigen. Wer für soziale Gerechtigkeit kämpft, sollte einen anständigen Mindestlohn für die Verkäuferin und eine anständige Besteuerung der Spitzenverdiener fordern und keine höheren Studiengebühren. Wenn der exemplarische Anwaltssohn später dank seines Studiums viel verdient, kann er sich schließlich auch an der Finanzierung gesellschaftlicher Aufgaben stärker beteiligen.

Nichts entscheidet hierzulande so stark über die Chancen eines jungen Menschen wie die Gnade oder Ungnade seiner Geburt. In Deutschland ist wie in kaum einem anderen Industrieland der Zugang zu Bildung derart von der sozialen Herkunft abhängig.[94] Nicht das Potenzial des Kindes, sondern das Konto der Eltern entscheidet über den schulischen Aufstieg. So vergeuden wir den wertvollsten Rohstoff unseres Landes.

Formal ist der Bildungszugang für jeden gleich – doch Kindern aus sozial schwachen Elternhäusern fällt der Aufstieg vielfach schwerer. Sie werden zu Hause nicht genug gefördert, weil das Geld fehlt und die Eltern nicht immer die beste Unterstützung geben können. Das Versagen der Eltern wird von der Politik noch verschärft: Bereits nach der vierten Klasse werden die Kinder auf die verschiedenen Schultypen aufgeteilt. Das ist viel zu früh, um Begabungen auch nur einigermaßen erkennen zu können. Regelmäßig belegen OECD-Studien zudem, dass Kindern aus Akademikerfamilien deutlich öfter eine Empfehlung für das Gymnasium ausgestellt wird als Kindern aus Arbeiterfamilien, völlig unabhängig von ihrer tatsächlichen Leistung. In den Köpfen der bewertenden Lehrerinnen und Lehrer sitzt das Muster fest verankert: Akademikerkinder werden Akademiker, Arbeiterkinder werden Arbeiter. Außerdem ersparen sich die Lehrer durch vorauseilenden Gehorsam den Ärger mit den Eltern: Anders als Arbeiterfamilien, wo Hochschulbildung oft immer noch verpönt ist und der Junge lieber eine bodenständige Arbeit in der Werkstatt ergreifen soll, sehen akademisch gebildete Eltern die universitäre Laufbahn quasi als Naturrecht für ihren Nachwuchs an. Konsequenz: Kinder von höheren Beamten oder Ärzten gehen fast viermal so häufig aufs Gymnasium wie Arbeiterkinder, Kinder aus der »oberen Dienstklasse«, zum Beispiel von Spitzenmanagern, sogar sechsmal so häufig.[95]

Freilich muss nicht jeder einen akademischen Titel erwerben, schließlich kann selbst der klügste Professor nicht ohne Mechaniker oder Obstverkäuferin überleben. In einer arbeitsteiligen Zivilisation sind alle Berufe legitim und relevant. Dagegen sind Standesdünkel gleich welcher Art schädlich für die gesamte Gesellschaft.

Wir müssen dafür kämpfen, dass Bildungschancen und sozialer Status nicht mit dem Geldbeutel der Eltern vererbt werden. Das Bildungssystem darf die Ungerechtigkeit der unterschiedlichen finanziellen und soziokulturellen Startbedingungen nicht noch verschlimmern. Wir brauchen eine wesentlich breitere und bessere Studienfinanzierung für alle. Statt stromlinienförmige Bestnotenstudenten mit staatlichen Stipendien zu beschenken (wie beim gefloppten »Deutschlandstipendium«), wäre das Steuergeld besser beim Bafög aufgehoben, von dem auch sozial Schwächere profitieren.

Erst recht muss der Kindergarten gebührenfrei werden, weil er Kinder nachweislich kognitiv und sozial fördert und sich im frühkindlichen Alter die Zukunft des Kindes entscheidet. Ein Vorschuljahr für alle muss Pflicht werden, um Defizite zum Beispiel in der Beherrschung der deutschen Sprache auszugleichen. Geld ist ausreichend vorhanden – nur der politische Wille fehlt.

Im Sommer 2009 herrschte Aufruhr an den Hochschulen. Mehr als 230 000 Studierende und Schüler gingen zum Bildungsstreik auf die Straße. Sie demonstrierten für die Verbesserung der Lehr- und Lernbedingungen, für die soziale Öffnung der Bildungschancen sowie für die Demokratisierung der Bildungsinstitutionen und forderten mehr Geld für Bildung. »Reiche Eltern für alle«, lautete die häufigste Parole. »Mehr Lehrer!«, »Mitbestimmung statt Verschulung«, »Massenfächer schaffen Schmalspurhirne!« oder »Dumm fickt gut«, schrieben sie auf ihre Schilder. »Wir sind hier, wir sind laut, weil man uns die Bildung klaut!«

So bunt gemischt wie die Plakataufschriften waren auch die Motive des Bildungsstreiks, der eine basisdemokratische Bewegung darstellte, organisiert von einem Bündnis aus über 230 lokalen Initiativen. Eine Bewegung, die keine Sprecher oder Leitfiguren hatte, geeint nur durch ihr gemeinsames Nein zum Status quo des Bildungssystems. Bei der Kundgebung vor dem Roten Rathaus in Berlin bekam keiner der politischen Redner, sondern der DJ den größten Applaus – weil die Musik die vielen Individuen miteinander verband.

Auch die Banken wurden zu Zielen des Protests. »Bei den Banken sind sie fix, bei der Bildung tun sie nix«, erklärte ein Transparent. Mit Sitzstreiks verbarrikadierten die Studenten mehrere Bankfilialen. Die Blockade setzte ein Zeichen gegen die Zukunftsvergessenheit der Politik: Während für die Rettung der Banken über Nacht ungeahnte Geldtöpfe geöffnet wurden, müssen für die Rettung der Bildung seit Jahren die letzten Krumen aus dem Geldtopf gekratzt werden. Für die marode Hypo Real Estate wurden über hundert Milliarden Euro aus Steuergeldern garantiert – so viel wie die gesamten jährlichen Bildungsausgaben von Bund und Ländern zusammen. Eine Erhöhung der Bildungsausgaben allerdings, so hieß es zugleich aus dem Finanzministerium, stehe unter Haushaltsvorbehalt[96] – und das obwohl sich die strukturelle Unterausstattung der Hochschulen durch die Bologna-Reform um 15 Prozent verschärft hat.[97] Dabei sollte sich doch inzwischen herumgesprochen haben, dass Bildung die höchste gesellschaftliche Rendite abwirft.

An den Schulen hält das Kosten-Nutzen-Kalkül nicht minder Einzug. Einige Bundesländer verkürzten das Gymnasium konzeptionslos und ohne Entschlackung des Lehrplans von neun auf acht Jahre. Doch: Kürzer ist nicht gleich besser. In Bayern schafft jeder dritte Schüler das Abitur nur mit Nachhilfe.[98] Die Nachhilfeindustrie boomt. Längst ist Nachhilfe keine Ausnahme mehr, sondern ein fest etabliertes privates Ausbildungssystem neben der staatlichen Schule. Bereits Grundschulkinder werden mit Nachhilfestunden bedacht.

Nach Erhebungen der Bertelsmann-Stiftung geben Eltern derzeit knapp 1,5 Milliarden Euro pro Jahr für private Nachhilfe aus: ein teurer und unfairer Ersatz für fehlende individuelle Förderung.[99] Wer keine reichen Eltern hat, fliegt raus. Acht Prozent verlassen die Schule ohne jeden Abschluss.[100] Sie haben keine Chance auf einen Ausbildungsplatz. Ohne Bildung sind Armutskarrieren und soziale Probleme vorprogrammiert. Hier muss die Politik handeln, bevor eine sozial abgehängte Unterschicht entsteht.

Für alle Jugendlichen, die ohne Abschluss dastehen oder notorisch die Schule verweigern, darf kein Versuch ungenutzt gelassen werden, sie wieder in die Gesellschaft zurückzuholen. Selbst hartnäckigste Schulverweigerer dürfen nicht als verloren abgestempelt werden: Sie haben ihre ganz eigenen Probleme, auf die weder Lehrer noch Eltern, noch das Jugendamt angemessen reagieren können, weil ihnen die Ressourcen oder das Wissen fehlen. Aus ihrer Sicht schwänzen die Jugendlichen den Unterricht aus purer Gleichgültigkeit – was in den wenigsten Fällen stimmt. Mit dem Projekt »Apeiros« brachte der Exlehrer Stefan Schwall die Eltern, Lehrer und Behörden an einen Tisch und holte 90 Prozent der notorischen Schulschwänzer wieder in den Unterricht zurück. Das ist Beweis genug, dass es auch anders geht.

Die überholten ideologischen Grabenkämpfe zwischen Gesamtschule und dreigliedrigem Schulsystem scheinen endlich beigelegt. Dennoch bleibt die Schullandschaft in Deutschland ein föderalistischer Flickenteppich: Stadtteilschulen in Hamburg, Oberschulen in Bremen, Mittelschulen in Sachsen, bisweilen Gesamt- oder Gemeinschaftsschulen und so weiter. Angeblich existieren bundesweit 96 verschiedene Schultypen.[101] Einige führen zum Abitur, andere nicht. Einige ersetzen alte Schulformen, andere nicht. Der Wirrwarr macht eine Orientierung unmöglich. Allein deshalb brauchen wir eine bundesweit verbindliche Schulstruktur mit zwei Schultypen für alle Bundesländer: das Gymnasium und eine weitere Schulform, die überall die gleichen Bedingungen haben muss. Wechsel zwischen beiden Schultypen müssen möglich bleiben. Das gemeinsame Lernen sollte bis zur sechsten statt nur bis zur vierten Klasse reichen. Ein Aussortieren in angebliche Begabungstypen schon nach der vierten Klasse macht keinen Sinn. Alle Schulen, auch die Gymnasien, müssen in sich differenzierte pädagogische Räume bilden und dürfen nicht realitätsfern einheitliche Leistungsniveaus für alle Fächer unterstellen.

Schule muss insgesamt neu gedacht werden. Wo ist der Mut zu einer umfassenden Reform der Lehrpläne? Die Lehrpläne sind verstaubt und überladen. Humanistische Bildung wird zugunsten eines ökonomistisch verengten Kosten-Nutzen-Kalküls verdrängt, das Pauken von Faktenwissen ist noch immer entscheidender als die Vermittlung von grundlegenden Kulturtechniken. Statt Spezialwissen, das für die meisten nach Ende der Schulzeit keine Rolle mehr spielt, muss ein zeitgemäßer Kanon an Allgemeinbildung in die Curricula. Schule wird derzeit begriffen als Wettlauf um Noten, nicht als Freiraum zum Ausprobieren und zur Selbstverwirklichung. Non scholae, sed vitae? Fehlanzeige!

Das Effizienzdiktat setzt sich an den Hochschulen fort. In bester Absicht haben die EU-Bildungspolitiker den »Bologna-

Prozess« ersonnen: die europaweite Umstellung der Studiengänge in Bachelor- und Master-Abschlüsse. Das neue System sollte die Studienzeiten straffen, einen schnellen Einstieg in den Job ermöglichen, den Wechsel zu anderen Unis im In- und Ausland vereinfachen und flexible Unterbrechungen ermöglichen. Ziele, die auch Studenten unterschreiben würden. So weit, so gut.

Die Wirklichkeit holte die gute Idee der Bildungsreformer schnell ein. »Theorie gut. Praxis missglückt«, bringt es Manuel Hartung, Ex-Chefredakteur der *Zeit Campus*, auf den Punkt: »Die Ideen waren so gut. Die Ausführung ist miserabel. Die Mächtigen hatten offensichtlich ein vollkommen falsches Bild von uns: Entweder sie hielten uns für ein zotteliges Studi-Kollektiv, dem man mit eiserner Disziplin und Prüfungssadismus endlich zu einem Platz in der werktätigen Bevölkerung verhelfen muss. Oder sie dachten, wir seien masochistische Hyperkarrieristen, denen man eine Freude macht, wenn man sie mit einer Prüfung nach der anderen quält.«[102]

Etliche der neuen Studiengänge wurden schlicht überfrachtet. Nach der Losung »aus neun mach sechs« stopften viele Unis den Stoff aus neun Semestern einfach in sechs und klebten auf diese Kompresse das modische Etikett »Bachelor«. Um die Studiengänge attraktiver scheinen zu lassen, verpasste man ihnen spannende Namen, ohne dass sich an der Substanz viel änderte: Alter Wein in neuen Schläuchen. Andere Unis versuchten sich durch Spezialisierung ihrer Angebote zu profilieren; wenn allerdings ein Bachelor zu speziell ist, wird ein Wechsel an andere Studienorte nicht einfacher, sondern schwieriger oder ganz unmöglich, und auch ein anschließender Master ist kaum praktikabel. Nicht überall ist Bologna in einer Grande Catastrophe geendet. Aber die Unis, die ihre Studienordnungen im eigentlichen Geiste von Bologna umgestaltet haben und nicht dem Motto »Verschulen, Verdichten, Umbenennen« gefolgt sind, bilden die Ausnahme von der Regel.

Der Zeit- und Leistungsdruck raubt Freiräume, über studienfremde Inhalte nachzudenken, sich Nachhilfe zu nehmen, sich erst einmal im Uni-Leben einzufinden, sich mit Nebenjobs über Wasser zu halten. Erst recht verhindert die Zeitnot politisches Engagement. Zivilgesellschaftliche Organisationen beklagen, dass ihnen seit Bologna die längerfristig engagierten Studenten wegbrechen, weil die ihre Abende nun in der Bibliothek verbringen. Selbst etablierte studentische Organisationen klagen über Nachwuchsprobleme: AIESEC beispielsweise fehlen die Wirtschaftsstudenten, bei ELSA die Juristen, in den Amnesty-Hochschulgruppen Studierende aller Fachrichtungen.[103] Bachelor-Studenten sind zu sieben Prozent weniger ehrenamtlich engagiert als ihre Kommilitonen in traditionellen Studiengängen. An G8-Gymnasien sank das Engagement sogar um zehn Prozent. Die Zeitverdichtung im Bildungssystem ruiniert freiwilliges Engagement.[104] Das Sichausprobieren und Weltverbessern ist in einem effizienten Studium nicht vorgesehen. Wo früher noch mühelos Protestwochen eingelegt werden konnten, ohne die Abschlussnote zu gefährden, zählt heute von Anfang an jede Note. Einfach mal in eine Vorlesung reinschnuppern, die nicht für die Note zählt? Gern, aber wann?

Thesen und Theorien infrage stellen? Auswendiglernen ist sicherer. Sich ehrenamtlich engagieren? An der Grenze des Machbaren. Sein Studium durch einen Nebenjob finanzieren? Kaum mehr zu schaffen. Man muss sich fragen, ob die Ideologie des »immer Schneller« wirklich Sinn stiftet.

Ein Rennstrecken-Schmalspur-Studium wird nie jene Tiefe erlangen, die eine Wissensgesellschaft braucht. Mit einem Master im Anschluss wäre dieses Problem ausgeräumt. Aber für die große Masse der Studierenden ist lediglich der Bachelor vorgesehen. Nur eine Elite mit den besten Noten ist zum Master bestimmt. Wer jedoch nur nach den Zensuren selektiert, züchtet stromlinienförmige Fachidioten heran und keine interessanten Persönlichkeiten, die auch mal einen Blick über den eigenen Gartenzaun riskieren.

Der Bachelor ist kein Teufelszeug. Nicht alles ist so finster und fies an den Unis, wie manche Journalisten oder Studi-Vertreter behaupten. Aber ihre Empörung kommt nicht aus dem Nirwana. Sie monieren den Einzug eines verengten Kosten-Nutzen-Kalküls, die Verschulung des Studiums und eine überzogene Prüfungsdichte, einzig am Ziel ausgerichtet, möglichst schnell Firmenfutter für den Arbeitsmarkt zu produzieren. Unis packen die Bachelor-Massen in schlecht betreute Großveranstaltungen, denn die kleineren Seminare und Arbeitsgruppen werden für den Master aufgespart. Hochschulen mutieren zu Lernfabriken, in denen sich die Studierenden mit vorgekochtem Fast-Food-Wissen vollstopfen, nur um es in der Klausur wieder auszuspucken, um Platz für Neues zu schaffen – manche sagen dazu »Bulimie-Lernen«.

Prüfungen sind schön und gut, aber wenn nicht mehr gedacht, sondern geschluckt wird, haben die Hochschulen ihren Auftrag verfehlt. Weil viele Pflichtveranstaltungen nur unregelmäßig angeboten werden, ist die genormte Regelstudienzeit für Studierende, die nebenher arbeiten müssen, Kinder haben oder sich gesellschaftlich engagieren, nicht zu schaffen. Die Bologna-Reformer schraubten die Arbeitsbelastung hoch und vergaßen Studienqualität und Studierbarkeit. Die Klausuren finden konzentriert an jedem Semesterende statt, was eine extreme Verdichtung von Prüfungen erzeugt. Zugleich werden viele Pflichtmodule nicht jedes Semester angeboten, und viele Seminare und Vorlesungen überschneiden sich zeitlich. Laut Studierbarkeitsstudie an der Humboldt Universität in Berlin empfinden 80 Prozent der Studierenden die universitäre Arbeitsbelastung als unausgewogen. Und Kombinationsfächer sind oft nicht kombinierbar: 90 Prozent der Veranstaltungen überschneiden sich.

Das Studium wird wohl – allem Leistungsdruck zum Trotz – der freieste und spannendste Teil des Lebens bleiben – egal wie oft man im Hörsaal auf der Treppe sitzen musste oder verzweifelt einen Arbeitsplatz in der überfüllten Bibliothek gesucht hat (was beides gewiss kleinere Übel angesichts der oben geschilderten Probleme sind). Und sicher birgt es zahlreiche Vorteile, wenn das Studium geordneter verläuft, es nicht mit Party und Ausschlafen verbummelt wird. Viele Studenten empfinden die Strukturiertheit des Bachelors daher sogar als wohltuend. Zudem ist die faktische Arbeitsbelastung nicht in allen Fächern und an allen Unis so hoch, wie gelegentlich pauschalisierend behauptet wird. Im Großen und Ganzen sind die Bildungsreformer aber von dem falschen Bild ausgegangen, die Studierenden frönten allein dem Dolce Vita.

Gerade in den technischen Fächern, deren Absolventen unsere Wirtschaft besonders dringend bräuchte, sind mit dem Bachelor die Abbrecherquoten deutlich gestiegen. Dieses Ergebnis ist sicherlich nicht im Sinne der Erfinder. Bologna sollte Auslandssemester einfacher gestalten, doch das Gegenteil ist der Fall. Die verdichteten und verschulten Studienordnungen erhoben ein Auslandssemester im Bachelor zur Seltenheit (15 Prozent im Vergleich zu 24 Prozent beim Diplom).[105] Die fehlende Auslandserfahrung muss im Master nachgeholt werden. Masterplätze aber sind Mangelware. Das Angebot hinkt dem Bedarf sogar weit hinterher. 90 Prozent aller Bachelor-Absolventen streben einen Master an, aber für nur 60 Prozent stehen Plätze zur Verfügung. Weil Studienplätze fehlen, werden selbst hochqualifizierte Bewerber von den Universitäten abgelehnt. Ein weiteres Problem: Bachelor-Absolventen verdienen signifikant weniger als ihre Vorgänger mit Diplom. Schließlich studieren sie ja auch drei bis vier Semester weniger – ein willkommenes Argument für geringe Gehälter. Dass die Unternehmen dank Bologna Lohnkosten sparen, stand wohl nicht im Konzept der Bildungsreformer.

In den USA dauert ein normaler Bachelor nicht drei, sondern vier Jahre, und im ersten Jahr können Kurse aus allen Fachbereichen in einer Art Studium generale relativ frei gewählt werden. Dies ist eine Eigenschaft des amerikanischen Vorbilds, die es sich zu kopieren gelohnt hätte.

Die Kinderkrankheiten von Bologna waren rasch diagnostiziert. Doch die Politik haderte mit Korrekturen und vertröstete die Studenten. »Der Schaden ist bei den Studenten. Denen möchte ich nicht in fünf Jahren sagen: Ihr habt in einer ganz unglücklichen Reformphase studiert und seid jetzt leider minderqualifiziert«, echauffiert sich Bernhard Kempen, Präsident des Deutschen Hochschulverbandes. »So wie das in Deutschland umgesetzt wurde, ist die Reform gescheitert. Punkt.«[106]

Als kollektive Zukunftsskepsis und permanenter Leistungsdruck die Studenten auf die Straße trieben, reagierte die Politik paralysiert. CDU-Bildungsministerin Annette Schavan fiel nichts Besseres ein, als die Bildungsreform-Proteste als »gestrig« abzukanzeln, und bezeichnete die Bologna-Reform als »alternativlos«.[107] Wie irgendwie alle politischen Entscheidungen als angeblich alternativlos legitimiert werden. Erst als ein Experte nach dem anderen den Studenten recht gab, ruderte die Ministerin zurück, schob den schwarzen Peter aber den Bundesländern zu.

Die Kultusministerkonferenz, die gerade in Berlin tagte, wies ein Gesprächsangebot der streikenden Protestler zurück und brach ihre Sitzung angesichts einer angekündigten Blockade vorzeitig ab. Ansonsten spielten die Politiker die knauserige Tante, die einem einen feuchten Kuss auf die Backe drückt, aber keinen Cent Taschengeld zusteckt. Die krassen Fehlentwicklungen im deutschen Bildungssystem – überfüllte Hörsäle, das karge Bildungsbudget, die extrem hohe soziale Selektion, kaum Mitspracherechte für Studenten, die Kinderkrankheiten der Bologna-Reform – sind bestens bekannt. Nur die Politik kümmerte das bis dahin wenig.

Zunächst schien es, als würden die Studenten mit den üblichen Ritualen in Form eines symbolischen Bildungsgipfels, dem demonstrativen Geschacher um Zuständigkeiten und der fadenscheinigen Wiederholung alter Versprechen abgefertigt. Außer Spesen nix gewesen? Nein: Der Bildungsstreik 2009 zwang zur Kurskorrektur. Jeder Zeitungsleser weiß seither, dass die wohlgemeinte Bologna-Reform in einem Schlamassel geendet ist. Das Thema Bildung rückte auf der politischen Agenda unversehens nach vorn. Kaum ein Politiker traute sich, die bisherige Bildungspolitik zu verteidigen, als sei die Reform einfach vom Himmel gefallen. Die Politiker bekamen es mit der Angst zu tun, schließlich kann man mit schlechter Bildungspolitik Wahlen verlieren. Selbst Ministerin Schavan kam letztlich nicht umhin, »handwerkliche Fehler« beim Bologna-Prozess einzugestehen.[108]

Die Studenten wurden so ernst genommen wie lange nicht mehr, auf viele ihrer Forderungen wurde eingegangen. Eine Reform des Bologna-Prozesses sah vor, die Vorgaben für das Bachelor/Master-System flexibler zu gestalten, die internationale Anerkennung von Leistungen zu vereinfachen sowie die Stundenpläne zu entschlacken. In Hessen und im Saarland schaffte die CDU die Studiengebühren nach Wahlniederlagen wieder ab, in Hamburg wurden sie reduziert. Die Studenten haben auf der Straße eine bessere Politik erzwungen.

Freilich kann man die Ansicht vertreten, die Veränderungen gingen zu langsam oder seien überhaupt zu zaghaft.

Zugegeben: Stellenweise ist die tatsächliche Beschlusslage noch mau. Die wirklich fundierte Weichenstellung steht noch aus: Weder gegen die soziale Selektion noch gegen die chronische Unterfinanzierung der Bildung wurde viel unternommen, und auch die »Reform der Reform« des Bachelor/Master-Systems steht erst am Anfang. Aber eine Demokratie braucht Zeit, wenn sie sich klug beraten und nicht halb gegorene Gesetzesprojekte übers Knie brechen will. Die Konsequenz kann es auch nicht sein, Bologna rückgängig zu machen und auf halbem Wege auszusteigen. In der Prä-Bologna-Ära war schließlich auch nicht alles schöne heile Welt. Nun geht es darum, die Kinderkrankheiten der Reform zu kurieren und den Prozess in ein positives Bologna zu wenden. Ein Pakt Bologna II muss auf den Weg: Verbesserung der Lehr- und Lernbedingungen, freie Bildung für alle, Demokratisierung von Schulen und Hochschulen, mehr Geld für Bildung. Vielleicht aber braucht es erst noch mehr »gestrige« Proteste, um eine gestrige Hochschulpolitik fit für morgen zu machen.

Macht die Rente wieder sicher!

Unser Rentensystem ist als Generationenvertrag angelegt: Die mittlere, arbeitende Generation versorgt sowohl die Älteren, die nicht mehr erwerbstätig sind, als auch die Jungen, die noch nicht in Lohn und Brot stehen. Die Alten sollen nicht mit Alimenten abgespeist, sondern entsprechend ihrer

Lebensleistung am gesellschaftlichen Wohlstand beteiligt werden. Der Generationenvertrag ist kein Papier, das irgendwann einmal mit dem Füller unterzeichnet wurde, sondern das ideelle Prinzip, welches unserem Sozialsystem zugrunde liegt.

Die Rentenreformen seit 2001 haben diesen Generationenvertrag aufgeweicht. Die Riester-Reform senkte das voraussehbare Rentenniveau für die heutigen mittleren und jüngeren Jahrgänge drastisch und schuf als Ausgleich eine freiwillige, staatlich geförderte Teilkapitaldeckung, also privates Sparen in Form der staatlich subventionierten »Riester-Rente«. Dank der Reformen soll der Beitragssatz zur gesetzlichen Rente nicht über 22 Prozent steigen. Der gedämpfte Beitragssatz wurde aber erreicht um den Preis deutlicher Abstriche beim Rentenniveau: Ein »Eckrentner« erhielt im Jahr der Riester-Reform 56 Prozent seines Lohns als Rente (netto). Im Jahr 2011 bekam ein Neurentner nur noch 52 Prozent. Ein Neurentner des Jahres 2030 wird mit einem Rentenniveau von nur noch 43 Prozent auskommen müssen.

Wohlgemerkt: Diese Zahlen gelten für den sogenannten Eckrentner. Dieser ist aber eine vom Aussterben bedrohte Spezies: ein fiktiver Modellerwerbstätiger, der 45 Jahre lang den Durchschnittslohn verdient und Beiträge eingezahlt hat. Wer nicht so ausdauernd ist, weil er krank oder arbeitslos war, Kinder erzog oder die Eltern pflegte, bekommt weniger. Schon heute erreichen nur 40 Prozent der Rentner und fünf Prozent der Rentnerinnen, was statistisch von ihnen erwartet wird. Ein Neurentner im Jahr 2030 muss 37 Jahre lang ein Durchschnittsgehalt bezogen und Beiträge entrichtet haben, um überhaupt Anspruch auf eine Rente in Höhe der Sozialhilfe zu erhalten. Konsequenz: Die Altersarmut wird massiv zurückkehren. Das trifft die Geringverdiener am unbarmherzigsten. Selbst wer relativ gut verdient, wird Probleme haben, sich eine Rente spürbar über Sozialhilfeniveau zu erarbeiten. Letzten Endes bröckelt die Legitimation des Rentensystems: Warum soll ich mein Leben lang viel Geld in ein System einzahlen, wenn ich nicht hoffen kann, daraus mehr zurückzubekommen als die Sozialhilfe?

Während die heutigen Alten in einem goldenen Zeitalter leben, sieht es für die Jüngeren düster aus. Wir Jungen werden vierfach belastet: Erstens müssen wir die Renten der heutigen Alten finanzieren, denn niemand will Opi und Omi ihre Renten streitig machen. Zweitens müssen wir für uns selbst mehr ansparen, um selbst im Alter genauso gut leben zu können. Drittens werden wir länger arbeiten müssen – mindestens bis zum Alter von 67 Jahren. Viertens müssen wir für extrem geschlossene Erwerbsbiografien mit überdurchschnittlich hohem Einkommen sorgen, um überhaupt auf einen Rentenanspruch zu kommen, der spürbar über dem Niveau der Sozialhilfe liegt – auf die wir aber ohnehin Anspruch gehabt hätten, auch ohne jahrzehntelang brav in die Rentenkasse einzuzahlen.

Für die Versicherungsindustrie ist das Privatsparen ein Riesengeschäft. Als das Riestern erfunden wurde, rieben sich Maschmeyer & Co. die Hände: Die Scheunentore der Finanzmärkte wurden sperrangelweit aufgerissen. Der Gerechtigkeit tat die Reform jedoch nichts Gutes. Der »Riester-Faktor« senkt seither Jahr für Jahr das Rentenniveau für alle – auch für diejenigen, die nicht zusätzlich privat sparen (können). In der Realität haben weniger als die Hälfte der Arbeitnehmer einen Riester-Vertrag abgeschlossen. Davon wiederum schöpfen 60 Prozent die vom Gesetzgeber kalkulierten Sparbeträge nicht aus.

Die staatliche Riester-Förderung kostet Milliarden aus dem Steuertopf. Würden alle wie vorgesehen riestern und die staatliche Zulage beantragen, würden die Kosten mehr als zwölf Milliarden Euro betragen. Viel Geld, das auch zur Stabilisierung der gesetzlichen Rente eingesetzt oder an anderer Stelle sinnvoll investiert werden könnte. Viele Riester-Sparer nutzen lediglich die staatliche Förderspritze aus und schichten ihre Geldanlagen von nichtsubventionierten Anlageformen in subventionierte Anlageformen um, ohne insgesamt mehr zu sparen. Weder der Anteil der sparenden Haushalte noch die Sparquote insgesamt ist dadurch signifikant gestiegen.[109] Die Riester-Förderung ist eine verdeckte Subvention für die Finanzindustrie und für Gutverdiener, die sich Sparen leisten können. Den Geringverdienern nützt sie wenig. Wer viel hat, der kann viel sparen und bekommt viel vom Staat. Wer wenig hat, kann wenig sparen und bekommt wenig. Ist das gerecht?

Die Euphorie über die ehemals gefeierte Kapitaldeckung ist verflogen. Die steigende Lebenserwartung verteuert auch die kapitalgedeckte Rente, denn das Sparkapital muss länger reichen. Die unausweichliche Folge: Die Riester-Renten sinken. Die Privatversicherungen haben die garantierte Verzinsung von vier Prozent im Jahr 2001 auf heute zwei Prozent heruntergeschraubt. Seit ihrer Einführung haben sich die

Vertragsbedingungen laufend verschlechtert, stellt das Deutsche Institut für Wirtschaftsforschung fest. Für die meisten Sparer zahlt sich Riestern erst im hohen Alter aus. Der Berliner Wirtschaftsprofessor Klaus Jaeger hat ausgerechnet, dass die private Sparrente erst ab dem 91. Geburtstag eine Rendite abwirft; will man auch noch einen Inflationsausgleich, muss man schon sehr alt werden.[110] Gesetzlich garantiert ist eine Mindestrendite ohnehin nicht. Festgeschrieben ist nur, dass jeder Sparer mindestens so viel ausbezahlt bekommen muss, wie er einbezahlt hat. Ein Nullsummengeschäft ist nicht ausgeschlossen.

Eine druckfrische Rentabilitätsanalyse des Deutschen Instituts für Wirtschaftsforschung belegt obendrein, dass sich Riester-Sparen erst recht nur bei langem Leben lohnt, seit die Versicherungsfirmen mit aktualisierten Sterbetafeln kalkulieren. Kühl formulieren die Gutachter: »Eine neue Lebenserwartung verteuert die Rente, denn das angesparte Kapital muss dann für eine längere Auszahlungsphase reichen. Die Folge: Die Riester-Renten sinken.«[111] Wer früher stirbt, als ihm die Statistik empfiehlt, verliert – und subventioniert mit seinen Beiträgen diejenigen, die länger leben. Also: lieber alt werden in Deutschland.

Einige neuere Prognosen gehen davon aus, dass die gesetzliche Rente letzten Endes rentabler ist als die private Vorsorge. Was nicht zuletzt an den hohen Bürokratiekosten und der Profitlogik der Privatversicherungen liegt: Die Privatversicherungen zweigen 15 bis 25 Prozent für Provisionen ab, die gesetzliche Rentenversicherung kommt dagegen mit nur 1,5 Prozent für Verwaltung aus.[112] Bei den beiden häufigsten Riester-Produkten, nämlich den Riester-Rentenversicherungen und den Riester-Investmentfondsverträgen, sind die Provisionen, die sich die Versicherungswirtschaft in ihre Tasche steckt, oft höher als die staatlichen Zuschüsse. Das heißt, der Steuerzahler subventioniert Versicherungen, die als wirtschaftlich unsinnig einzuschätzen sind.

Die Idee des Wettbewerbs zwischen Versicherern und die Auswahl des besten Vertrags durch den informierten Sparer hat sich im Praxistest als naive Annahme erwiesen. Das juristische und versicherungsmathematische Kleingedruckte ist für den Laien nicht zu verstehen. Der normale Kunde hat überhaupt keinen Durchblick, auf was er sich einlässt, und ist auf Gedeih und Verderb dem Berater ausgeliefert. Die Stiftung Warentest fand unter 23 Angeboten nur sieben, die mit »gut« bewertet wurden. Drei Viertel der Deutschen gestehen, dass sie oft nicht verstehen, was der Finanzberater erklärt.[113]

Insgesamt muss die Riester-Reform grundlegend auf den Prüfstand. Der Riester-Faktor, der das Rentenniveau für alle kürzt – egal ob sie sparen (können) oder nicht – ist ungerecht und muss abgeschafft werden. Beibehalten werden sollte jedoch der Nachhaltigkeitsfaktor, der die Rentenanpassung an die demografische Entwicklung auf dem Arbeitsmarkt ankoppelt. Dadurch werden die demografischen Lasten auf beide Generationen verteilt.

Die Kapitaldeckung ist keine Lösung für den demografischen Wandel. Eine Volkswirtschaft kann, anders als der Privatmensch, nicht »sparen« und etwas für spätere Zeiten aufheben. Alle Erträge – auch die, die den privaten Sparern als Zinsen zufließen – müssen immer von den Erwerbstätigen erwirtschaftet werden. Daran ändert auch der Wechsel des Versorgungssystems nichts. Die Rente bleibt, volkswirtschaftlich betrachtet, immer ein Umverteilungssystem, egal ob man den Staat oder Versicherungskonzerne dazwischenschaltet. Wer Generationengerechtigkeit durch mehr privates Sparen verwirklicht sehen will, der hat nicht verstanden, dass eine Volkswirtschaft anders funktioniert als ein Privathaushalt.

Wegen der längeren Lebenserwartung müssen Privatversicherte ihre Sparleistungen genauso erhöhen wie die staatliche Rente ihre Beitragssätze. Wenn die Babyboomer-Generation in den Ruhestand eintritt und »entspart«, also ihre Wertpapiere und Immobilien verkaufen will, trifft sie auf eine kleinere junge Generation von Käufern. Nach den Gesetzen von Angebot und Nachfrage muss der Verkaufspreis zwangsläufig sinken, und damit schmelzen die Renditen. Entweder sparen dann die Jüngeren zusätzlich (was gleichbedeutend ist mit weniger Konsum oder höheren Beitragssätzen), oder der Realwert der Kapitaleinlagen der Alten sinkt (was gleichbedeutend ist mit einer Rentenkürzung). Im Fachjargon spricht man vom »Asset Meltdown«.

Das Problem ließe sich nur umgehen, wenn das gesparte Kapital im Ausland angelegt wird. Ob wir unsere Altersversorgung aber anderen Ländern anvertrauen wollen, sollten wir spätestens seit der Banken- und Euro-Krise gründlich abwägen. Die Stabilität der deutschen Renten würde dann dem Gebaren der Finanzmärkte ausgeliefert, die ganze Länder in den Ruin treiben können. Es wäre vermutlich eine schlechte Idee, die Riester-Rente in Griechenland, Irland, Spanien oder

Italien zu investieren, die überdies genauso rapide altern. Einen demografischen Trend zur Verjüngung finden wir fast ausschließlich in Entwicklungsländern. Ob unser Geld aber in Ägypten oder dem Jemen gut aufgehoben ist, darf man ebenso bezweifeln.

Es ist eben nicht so, dass die Bank meine Geldscheine in den Tresor legt, wo es sich dann auf wundersame Weise vermehrt und pünktlich zu meinem Ruhestand wieder heraussprudelt. Die Banken spekulieren mit unserem Geld auf der Jagd nach Rendite. Je höher das Risiko des Geschäfts und je ethisch fragwürdiger es ist, desto höhere Renditen winken. Die Banken und Fonds wetten auf steigende Getreidepreise, finanzieren Ölbohrungen und Atomkraftwerke oder spekulieren auf den Staatsbankrott Griechenlands und treiben den Euro in die Krise. Der kleine Sparer erfährt davon nichts. Bei einer Umfrage der Zeitschrift »Finanztest« wollten 93 Prozent der Riester-Anbieter nicht ausschließen, dass sie mit unserem Geld unethische Geschäfte finanzieren – etwa die Herstellung von Streubomben und Antipersonenminen, die als besonders barbarische Form der Kriegsführung geächtet sind.[114] In einer Talkshow forderte ich Ursula von der Leyen auf, zumindest zu unterbinden, dass unsere Riester-Groschen todbringende Kriegsgüter finanzieren. Immerhin versprach sie, meinen Vorschlag zu bedenken. Später schrieb sie mir, es sei seit jeher üblich, dass staatlich geförderte Rentenkassen keine ethischen, sozialen oder ökologischen Kriterien zu befolgen hätten. Daher sollte man alles so lassen, wie es schon immer war. Für ein sonderlich sinnvolles Argument halte ich das bis heute nicht.[115]

Ein anderer Zankapfel ist die Rente mit 67. Die Erhöhung des Rentenalters ist an sich fair: Weil wir länger leben, beziehen wir auch länger Rente. Wenn es immer mehr ältere Menschen gibt, die außerdem immer länger Rente beziehen, wird das irgendwann zum Finanzierungsproblem. Daher ist es gerecht, wenn die gewonnenen Lebensjahre nicht nur im Ruhestand verbracht, sondern auch für die Wertschöpfung genutzt werden. Ein späterer Renteneintritt nimmt einigen Sprengstoff aus dem demografischen Wandel. Ich plädiere für eine Regelung, nach der das Rentenalter automatisch an die Lebenserwartung angepasst wird, wobei die Hälfte der hinzugewonnenen Lebenserwartung für den Ruhestand und die andere Hälfte für die Erwerbstätigkeit einberechnet werden könnte.

Damit aus einem späteren Rentenalter allerdings keine verkappte Rentenkürzung resultiert, müssen sich die Arbeitsmärkte ändern. Noch sind viele Betriebe in ihrer Einstellungspraxis jugendfixiert, weil Jüngere weniger kosten als Ältere und als lern- und leistungsfähiger angesehen werden (was sich pauschal übrigens nicht belegen lässt). Die Personalplaner in den Unternehmen müssen umdenken und die Ressourcen und Fähigkeiten der Alten schätzen lernen.

Andererseits gibt es Berufe, bei denen die Menschen unmöglich bis zum 67. Lebensjahr arbeiten können und ein Umschulen auf andere Berufsbilder nicht immer reibungslos machbar ist. Nicht jede Krankenschwester wird mit 50 Jahren noch einen Patienten aus dem Bett heben können. Bei anderen körperlich belastenden Berufen verhält es sich ähnlich. Daher muss beim Rentenalter auch die Lebensarbeitszeit berücksichtigt werden. Die Ausbildungszeiten bei körperlich fordernden Berufen sind in der Regel kürzer als bei geistigen, sie treten daher früher ins Arbeitsleben ein und können entsprechend früher in den Ruhestand gehen. Außerdem muss die Erwerbsminderungsrente ausgebaut werden.

Wirtschaft und Politik müssen insgesamt dafür sorgen, dass lebenslanges Lernen und Gesundheitsschutz zur selbstverständlichen Kultur gehören. Rückenschule, ein kleiner Sportplatz und gesunde Verpflegung in der Kantine gehören ebenso zu einem zukunftsfähigen Unternehmen wie altersgemischte Teams und die Möglichkeit zu Auszeiten oder Jobwechseln innerhalb der Firma. Altersvorsorge ist mehr als bloßes Sparen: Es zählt, wie gesund und fit wir bleiben. Dazu können wir freilich selbst viel beitragen – durch Sport, bewusste Ernährung –, dennoch müssen auch Politik und Wirtschaft ihre Verantwortung ernst nehmen.

Ein riesiger Skandal wurde bisher in noch keiner einzigen Talkshow zum Thema gemacht: die sozialen Unterschiede bei der Lebenserwartung. Wie Studien des Max-Planck-Instituts für demografische Forschung beweisen, ist der sozioökonomische Status – also Bildung, Einkommen und Art der Beschäftigung – der ausschlaggebende Faktor für die Lebenserwartung. Reiche leben in Deutschland durchschnittlich bis zu neun Jahre länger als Arme. Weil Arme früher sterben, beziehen sie kürzer Rente – im Schnitt nur halb so lang wie die Einkommensstarken. Wer mit 74 Jahren stirbt, bekommt nach der aktuellen Rentenformel nur die Hälfte seiner Beiträge zurück – mit der anderen Hälfte subventioniert er quasi die langlebigen Einkommensstarken. Die Rente mit 67, die faktisch auf eine Rentenkürzung für Geringqualifizierte hinausläuft, macht dieses Missverhältnis noch krasser.[116] Das frappierende Versagen der Sozialpolitik kann nicht im Rentensystem kompensiert werden. Dafür ist es schon zu spät. Gerechter wäre es dennoch, die Zuschüsse zur Riester-Rente auf sozial Schwache zu konzentrieren – und zwar unabhängig davon, ob sie angestellt oder selbstständig arbeiten, denn Letztere haben derzeit keinen Anspruch auf die Sparzulage. Wer viel verdient, braucht die Hilfe des Wohlfahrtsstaates nicht.

Die Rentenkasse hat auch deshalb Finanzierungslücken, weil nur abhängig Beschäftigte unterhalb einer bestimmten Verdienstgrenze (der Beitragsbemessungsgrenze) einbezahlen. Ärzte, Apotheker, Anwälte und Architekten füttern ihre eigenen Töpfe. Auch die dicken Einkommen von Notaren, die Kapitaleinkünfte von Mietshäusle-Besitzern, die Gehälter von Besserverdienern und die lebenslang abgesicherten Beamten landen nicht im gesetzlichen Rententopf. In einem Ständewesen wäre dies zu erwarten. Aber in einem demokratischen Gemeinwesen sollte sich niemand aus der Solidarität davonstehlen dürfen – erst recht nicht die mit den starken Schultern.

Ein Umbau der Sozialversicherungen ist überfällig: weg von der einseitigen Fixiertheit auf abhängige Lohnarbeit hin zu einer breiteren Finanzierungsbasis, bei der alle Bürger in das Solidarsystem einbezogen werden. Ein solch politisch-konfliktintensiver Kraftakt wäre zweifellos ein Glückslos für Nachhaltigkeit und soziale Gerechtigkeit. Wir brauchen eine fortschrittliche Rentenpolitik, die ein armutsfestes und menschenwürdiges Leben im Alter ermöglicht und die Lebensleistung der Menschen honoriert.

Die Demontage des Generationenvertrags ist kein Sachzwang. Und der demografische Wandel ist nicht der Todesstoß des Sozialstaats. Ob wir in Zukunft die Rente finanzieren können, ist eben nicht allein eine Frage des Altersquotienten. Vielmehr hängt die Finanzierung der Rente ebenso wie aller Sozialsysteme von der Höhe der Wertschöpfung und der Situation auf dem Arbeitsmarkt ab. Es kommt also darauf an, wie groß der Wohlstandskuchen ist, der verteilt werden kann – und nicht, wie alt dessen Bäcker ist. Die Rentenbeiträge sind in den letzten Jahren zwar angestiegen, aber der Anteil am Bruttoinlandsprodukt, den wir für die Renten ausgeben, blieb konstant – obwohl die Gesellschaft gealtert ist. Das Umlageverfahren ist nicht so bankrott, wie manchmal behauptet wird. Nicht die Demografie bedroht die Rente von morgen, sondern die epidemische Ausbreitung von Niedriglöhnen und prekärer Arbeit in Verbindung mit der Finanzmarkteuphorie vergangener Tage. Entscheidend ist, dass wir heute in die Zukunft investieren. Es macht einen Unterschied, ob wir mit Kinderbetreuung, Bildung, Integration und Infrastruktur altern oder ohne all das.

Macht Deutschland familienfreundlich!

Vor nicht allzu langer Zeit wollte die CSU die Frauen noch für Heim und Herd abstellen, und die SPD traute sich nicht, im Gegenzug mehr Kinderkrippen zu fordern – weil sie sich eine Debatte nach dem Motto »Die Sozialisten nehmen uns die Kinder weg!« nicht antun wollte. Solche ideologischen Grabenkämpfe gehören endlich der Geschichte an. Die heutige Gesellschaft ist nicht mehr die von anno 1968.

Trotzdem spuken veraltete Rollenbilder noch immer in den Köpfen herum, als sei es die »natürliche« Rolle der Frau, zu Hause die Kinder zu hüten, während der Mann einer Lohnarbeit nachgeht, um seine Ernährerrolle zu erfüllen. Diese starre Rollenverteilung lehnen die meisten jungen Frauen ab. Sie wollen auf eigenen Beinen stehen, sich selbst verwirklichen und selbst entscheiden, ob sie in der traditionellen Mutterrolle ihr Glück suchen wollen oder in einem Beruf oder gar in beidem. Auch die jungen Männer haben dazugelernt und sind heute deutlich breiter aufgestellt. Nicht wenige würden gern mehr Zeit als Vater oder Hausmann verbringen, könnten sie es sich beruflich leisten. Die alten Rollenbilder haben jedenfalls ausgedient. Jede Frau und jeder Mann sollte doch selbst entscheiden dürfen, wie sie oder er leben will – ohne sich von der Gesellschaft irgendein Rollenmuster vorschreiben lassen zu müssen.

Bei den meisten jungen Paaren ist die Aufteilung der Hausarbeit zunächst relativ ausgeglichen. Erst im Lauf der Zeit schleichen sich die traditionellen Rollenmuster ein.[117] Spätestens aber die Geburt des ersten Kindes macht der Frau einen Strich durch die Rechnung, denn sie bleibt zumindest für das erste Jahr zu Hause, um für das gemeinsame Kind zu sorgen – und sie übernimmt einen rasch wachsenden Teil der Hausarbeit. Je länger sie schließlich zu Hause bleibt, desto schwieriger wird ihre Rückkehr ins Erwerbsleben. Bereits bei der Einstellung fragen viele Arbeitgeber nach dem Kinderwunsch (obwohl ihnen das Gesetz solche Fragen untersagt). Sie möchten verhindern, dass eine eingelernte Arbeitnehmerin auf einmal wegfällt, weil sie ein Kind erwartet. Das ist das faktische Einstiegs- und Aufstiegshindernis für junge Frauen. Weil Männer in der Regel das höhere Einkommen beziehen, ist die Frage, wer für das Kinderhüten zu Hause bleibt, schnell entschieden: Die Frau wird zur Hausfrau. Wenn nun eine Kinderkrippe durch ein Teilzeitgehalt nicht finanzierbar ist, sich kein freier Kita-Platz finden lässt oder aber die Angst überwiegt, als »Rabenmutter« geächtet zu werden, wird schnell deutlich: Kinder sind Emanzipationskiller. Und das ist einer der wichtigsten Gründe, warum in Deutschland so wenig Nachwuchs auf die Welt kommt.

Das kürzlich eingeführte »Betreuungsgeld« für Frauen, die ihr Kind selbst erziehen statt in die Krippe zu geben, ist eine teure Subvention der Hausfrauenehe und ein Holzweg zurück in ein Land vor unserer Zeit. Mir fällt kein einziges Beispiel ein, in dem jemand vom Staat dafür Geld bekommt, dass er ein Angebot – wie hier öffentliche Kinderbetreuung – *nicht* in Anspruch nimmt. Das wäre, als vergebe der Staat Büchergeld an jeden, der die Stadtbibliothek *nicht* nutzt. Welch ein familien-, sozial-, bildungs- und gleichstellungspolitischer Irrsinn! Diese Milliarden könnte man in der Förderung frühkindlicher Bildungseinrichtungen dringend gebrauchen.

Nicht alle jungen Menschen wollen Kinder. Die Familie gilt längst nicht mehr als die einzige Möglichkeit, sein Glück zu finden. Akademikerinnen bekommen aus den bekannten Gründen weniger und weit später Kinder als der Durchschnitt der Bevölkerung (wobei der verbreitete Irrglaube, jede dritte Akademikerin bliebe zeitlebens kinderlos, nachweislich falsch ist). Keiner sollte sich rechtfertigen müssen, wenn er keine Kinder bekommt oder bekommen will. Und keiner sollte dafür die Karriere opfern müssen, sondern die praktische und finanzielle Möglichkeit erhalten, Beruf und Familie unter einen Hut zu bringen. Wer als Mutter oder Vater die souveräne Entscheidung trifft, die Kindererziehung und Hausarbeit in Vollzeit zu schultern, verdient es nicht, als Heimchen am Herd oder Weichei gebrandmarkt zu werden. Und Berufstätige, die pünktlich oder auch mal früher Feierabend machen (müssen), können auf die Häme der Kollegen und den strengen Blick des Chefs wirklich verzichten. Gleichstellung als reine Frauenpolitik zu denken greift zu kurz. Auch weil Männer ebenso ein Recht auf Familie haben wie Frauen ein Recht auf berufliche Chancen. Die junge Generation von heute ist emanzipiert genug, um diese Revolution des gleichstellungspolitischen Denkens zu schaffen. Mit den Männern von gestern wäre dieser kulturelle Wandel sicherlich nicht zu bewältigen.

Die fehlenden Geburten der letzten zwanzig Jahre können nicht nachgeholt werden. Der demografische Wandel ist kurzfristig nicht mehr zu ändern, selbst wenn alle jungen

Paare hastig ein Kind nach dem anderen in die Welt setzen würden. Familienpolitik darf nicht verstanden werden als Politik für das Überleben des deutschen Volkes oder eine Geburtenrate von 2,1 Kindern pro Frau. Familienpolitik ist eine Politik für Kinder, ihre Mütter und Väter.

Das »magische Viereck der Wirtschaftspolitik« avancierte in den 1960er Jahren zum Lehrbuchklassiker. Wir brauchen ein »magisches Viereck der Familienpolitik«, das es zu ähnlichem Ruhm schaffen kann:

1. *Geld:* Reform des Familienlastenausgleichs, um die Benachteiligung von Eltern (vor allem von Müttern) im Steuer- und Sozialsystem zu korrigieren;
2. *Arbeitsmarkt:* bessere Vereinbarkeit von Familie und Beruf für Männer und Frauen, um eine wirklich freie Wahl zwischen Erziehungs-/Hausarbeit und Berufstätigkeit zu ermöglichen;
3. *Zeit:* mehr Zeit und Sicherheit für die Familie, um jungen Menschen überhaupt erst die Gelegenheit zu geben, sich für Kinder zu entscheiden;
4. *Kinderfreundlichkeit:* Förderung eines kinderfreundlichen Klimas und gesellschaftliche Anerkennung der Leistungen von Familien, um ein Signal zu setzen, dass Eltern von der Gesellschaft nicht im Stich gelassen werden.

Familie ist nicht mit Geld zu bezahlen – aber sie ist ihr Geld wert: Zwar werden Kinder nicht in Profitabsicht gezeugt und sind nicht mit Marktpreisen messbar. Doch gehören die finanziellen Nachteile zu den wichtigsten Gründen, warum junge Menschen nicht den Mut zu Kindern aufbringen. Dabei ist die bare Münze gar nicht so entscheidend: In geburtenfreudigen Ländern wie Skandinavien oder Frankreich konzentriert sich die staatliche Förderung auf Dienstleistungen, wie insbesondere Kinderbetreuung, um den Familien direkt bei ihren alltäglichen Nöten und Sorgen zu helfen. Monetäre Transfers, wie das Kindergeld, sind nach allen internationalen Erfahrungen zwar wichtig, aber eher zweitrangig.

Der Weg zu mehr Kindern führt daher nicht notwendigerweise über die Öffnung neuer Geldtöpfe, sondern vor allem über den effizienteren Einsatz der vorhandenen Mittel. Momentan wird viel Geld für Familien ausgegeben, doch die Ergebnisse sind enttäuschend: die Geburtenrate ist niedrig, ein hoher Prozentsatz der Kinder wächst in Armut auf, viele in Teilzeit berufstätige Mütter würden gerne mehr arbeiten, bekommen aber keine vernünftige Betreuung für ihre Kinder, während viele Väter gern früher Feierabend machen würden, aber nicht können.

Die derzeitige Familienförderung ist von vorgestern. Sie geht von der traditionellen Ehe aus und zementiert das Alleinernährer-Familienmodell. Das behindert die Chancen von Frauen auf dem Arbeitsmarkt und von Männern in der Familie und bindet umfangreiche Finanzmittel für die Subventionierung der Institution Ehe, anstatt Eltern mit Kindern zu helfen.

Momentan gibt es elf verschiedene staatliche Stellen, die Leistungen für Kinder auszahlen. Das ist für niemanden durchschaubar. Die Leistungen müssen gebündelt und vereinfacht werden. Dazu gehört beispielsweise ein einheitliches Kindergeld für alle, statt des unübersichtlichen und sozial ungerechten Wirrwarrs aus Kindergeld und Kinderfreibetrag plus Freibeträge für Betreuungs-, Erziehungs- und Ausbildungsaufwand und Extrazulage für die Riester-Rente. Dieses Nebeneinander von Kindergeld und Freibeträgen führt dazu, dass sich der Staat die Kinder reicher Eltern mehr kosten lässt als die Kinder armer Eltern. Das ist sozialpolitischer Irrsinn, der durch ein faires, einheitliches Kindergeld aus der Welt geräumt werden muss.

Auch das veraltete Ehegattensplitting muss auf den Prüfstand. Diese Vergünstigung bei der Lohn- und Einkommensteuer gewährt umso höhere Steuererleichterungen, je größer der Abstand zwischen den Einkommen der Ehepartner ist. Am höchsten ist die Steuerersparnis, wenn ein Partner viel verdient und der andere gar nichts. Weil Männer normalerweise mehr verdienen als Frauen, da sie in besser verdienenden Berufen angestellt sind und selbst bei gleicher Tätigkeit im Schnitt etwas mehr verdienen als gleich qualifizierte Frauen, führt das Ehegattensplitting in der Konsequenz dazu, dass Frauen aus dem Arbeitsmarkt gedrängt werden. Das Ehegattensplitting ist somit eine faktische Subventionierung der Hausfrauenehe. Ob ein Paar Kinder hat oder nicht, zählt für die Steuerentlastung nicht. Wenn Familie da ist, wo Kinder sind, dann gehört das Ehegattensplitting zu keiner modernen Familienpolitik – zumal es mit rund 22 Milliarden Euro extrem teuer zu Buche schlägt. Die Alternative ist das auch in anderen Ländern übliche Realsplitting: Der besser verdienende Partner kann dabei einen Unterhaltstransfer in Höhe des Existenzminimums von seinem steuerpflichtigen

Einkommen abziehen. Eine solche Reform würde rund neun Milliarden Euro einsparen, wie das Deutsche Institut für Wirtschaftsforschung ausgerechnet hat. Das gesparte Geld wäre beim Ausbau der Kinderbetreuung besser aufgehoben.

Der Dreh- und Angelpunkt sind verbesserte Erwerbschancen für Frauen – und komplementär dazu verbesserte Familienchancen für Männer, also eine gerechtere innerfamiliäre Arbeitsteilung. Wer Angst haben muss, den Arbeitsplatz zu verlieren oder den Wiedereinstieg ins Berufsleben zu verpassen, tut sich schwer, langfristige finanzielle Verpflichtungen einzugehen, wie sie ein Kind mit sich bringt – insbesondere weil sich eine finanzielle Abhängigkeit vom Partner schnell rächt, wenn die Beziehung zerbricht. Eine bessere Vereinbarkeit von Erziehungs- und Erwerbstätigkeit für beide Geschlechter ist daher Grundvoraussetzung, um Mut zu Kindern zu machen. Feminisierung der Erwerbssphäre und Maskulinisierung der Familiensphäre sind zwei Seiten einer Medaille, denn ohne ein neues, egalitäres Bild der Geschlechterrollen werden sich weder ausreichend dauerhaft stabile Partnerschaften bilden können, noch werden sich mehr junge Frauen unter dem Risiko der Dreifachbelastung (Beruf, Haushalt, Kinder) zu Nachwuchs entschließen wollen. Grundsatz sollte sein, die Arbeitswelt den Bedürfnissen der Familien anzupassen und nicht umgekehrt: familiengerechte Jobs, nicht jobgerechte Familien. Und nicht nur der Arbeitsplatz, auch das Studium muss besser mit Elternzeiten abgestimmt werden können.

Das Land, das der Welt das Wort »Kindergarten« geschenkt hat, liegt mit der Versorgung an Kinderbetreuung weit zurück – trotz der Fortschritte in den letzten Jahren. Vor allem in Westdeutschland sind Krippen- und Kita-Plätze immer noch Mangelware. Der Ausbau kommt nur schleppend voran und hat sich in letzter Zeit sogar wieder verlangsamt. Selbst wenn es ausreichend Plätze gibt, sind die oft so teuer, dass fast ein kompletter Zuverdienst für die Gebühren draufgeht. Die Folge der Betreuungslücke: Die Mütter müssen ihre Berufstätigkeit unterbrechen, um die Kinder zu betreuen. Wenn aber die Vereinbarkeit von Beruf und Familie auf der Strecke bleibt, sind auch Kinderwünsche nur um den Preis eines jähen Endes der Gleichstellung realisierbar. Wir brauchen ausreichende und gebührenfreie Kita-Angebote für alle, besser ausgebildete und anständig bezahlte Erzieherinnen und Erzieher, und gut ausgestattete Ganztagsschulen. Das wird den Staat viele Milliarden kosten, doch eines ist garantiert: Dieses Geld ist gut angelegt.

Macht keine Schulden auf unsere Kosten!

Ein Staat braucht Schulden. Ebenso wie Unternehmen leiht sich auch der Staat Kapital, um Investitionen zu finanzieren, von denen er sich in Zukunft Gewinne erwartet. Staatsschulden, mit denen Zukunftsinvestitionen ermöglicht werden, bedeuten daher nicht unbedingt ein Abschieben von Lasten auf die nächste Generation.

Außerdem gelten für einen Staat andere wirtschaftliche Logiken als für einen Privathaushalt. Ein Privatmensch tut gut daran, eisern zu sparen, um eine Notzeit zu überstehen und aus den roten Zahlen herauszukommen. Anders beim Staat: Er muss in einer Krise weitere Schulden aufnehmen, um die ausgefallene Nachfrage zu ersetzen, die Konjunktur anzukurbeln und die Volkswirtschaft über die Rezession hinwegzuretten. In einer Rezession zu sparen hieße, die Umsätze der Unternehmen noch weiter in den Keller zu treiben – im Endeffekt würde der Staat sich nur noch tiefer in die Krise hineinsparen.

Für staatliche Schulden kann es also gute Gründe geben. Nur geriet die volkswirtschaftliche Vernunft umso weiter ins Hintertreffen, je massiver sich die Regierung bei privaten Geldgebern verschuldete. Seit Bestehen der Bundesrepublik wuchs der Schuldenberg auf immer neue Rekordhöhen: von nur knapp 18 Prozent des Bruttoinlandsprodukts im Jahr 1970 auf über 66 Prozent im Jahr 2008 und schließlich auf über 83 Prozent im Jahr 2010. Die im Maastrichter EU-Stabilitätspakt vereinbarte Grenze für die Teilnahme am Euro liegt übrigens bei 60 Prozent – und obgleich diese Grenze ziemlich willkürlich gezogen wurde, sollte es ein Warnschuss sein, wenn der selbsternannte Musterknabe Deutschland dieses Kriterium so rigoros bricht. Etwas ist aus dem Ruder gelaufen.

Die Spiralwirkung von Zins und Zinseszins bringt einen Teufelskreis in Gang: Neue Schulden werden nicht mehr aufgenommen, um zu investieren – sondern um die Zinsen der alten Schulden zu finanzieren. Daraus erwachsen höhere Schulden mit höheren Zinslasten – was wiederum die Aufnahme neuer Schulden nach sich zieht, um die Zinsen,

Zinseszinsen und Zinseszinszinsen bedienen zu können. Diese Zinsspirale treibt den Staat in die Schuldenfalle, die ihm nur noch schadet, anstatt ihm zu nutzen.

Die Schuldenfalle raubt politische Handlungsspielräume. Ökonomen haben in einem »Index fiskalischer Demokratie« berechnet, über welchen Anteil der Steuereinnahmen eine neu antretende Regierung überhaupt noch frei verfügen kann, das heißt, welcher Anteil nicht schon durch die politischen Erblasten aus der Vergangenheit gebunden ist.[118] Der frei verfügbare Anteil an den Steuereinnahmen ist demnach in Deutschland seit den 1970er Jahren durchgehend rückläufig. Das bedeutet: Für eine aktive Gestaltung der Gesellschaft ist immer weniger Geld da. Gegenwärtig sind nur noch zehn Prozent der Steuereinnahmen frei verwendbar. Der große Rest ist bereits für Zinsen, Personalausgaben, gesetzlich definierte Zuschüsse zu den Sozialversicherungen und das Verteidigungsbudget verplant, bevor die Regierung überhaupt über den Haushalt beraten kann. Kein gutes Zeichen für eine progressive Politik, die nicht nur den Mangel verwalten, sondern die Gesellschaft aktiv gestalten will.

Je tiefer der Staat in die Schuldenfalle hineingerät, desto mehr begibt er sich in Abhängigkeit vom Gusto der Kreditgeber. Die Entscheidungsmacht verschiebt sich von den demokratisch legitimierten Parlamenten und Regierungen zu den anonymen Kräften des Finanzmarkts, die der Gewinnmaximierung der Kapitalbesitzer verpflichtet sind anstatt dem Gemeinwohl und die sich nur vor den Interessen der Kapitalgeber, nicht aber vor den Wählern verantworten müssen.

Die vielgeschmähte Verschwendungssucht der Politiker, die scheinbar leichtfertig über das Geld anderer Leute entscheiden, ist kaum mehr als ein platter Vorwurf. Die wahren Ursachen für den unentwegt wachsenden Schuldenberg liegen tiefer: Falsche Regeln, wann sich der Staat verschulden darf und wann nicht, haben die Finanzpolitik fehlgesteuert. Wir müssen daher über neue Regeln nachdenken, die generationengerechtes Handeln belohnen und volkswirtschaftlich unvernünftiges Handeln unterbinden.

Wann Schulden aufgenommen werden dürfen, regelt eine Finanzordnung im Grundgesetz. Die alte Finanzordnung galt bis zum Jahr 2011, als die Schuldenbremse in Kraft trat. Bis dahin waren Schulden in zwei Fällen erlaubt: entweder für Investitionen oder zur Stabilisierung der Konjunktur im wirtschaftlichen Abschwung (im Fachjargon: »zur Abwendung einer Störung des gesamtwirtschaftlichen Gleichgewichts«). Diese Regeln waren zwar wohlüberlegt und basierten auf volkswirtschaftlichen Theorien. Den Praxistest haben sie aber nicht bestanden.

So ist die Kreditfinanzierung von Investitionen sinnvoll, wenn die Investitionen einen langfristigen Nutzen abwerfen, von dem auch die nachrückende Generation profitiert. Der Finanzwissenschaftler Richard A. Musgrave prägte dafür die Formel: »pay as you use« – bezahle, wie du nutzt. Wenn beispielsweise ein Autobahntunnel voraussichtlich hundert Jahre hält, dann ist es logisch, wenn auch die Kosten über hundert Jahre verteilt werden. Der Teufel steckt im Detail der konkreten Umsetzung: Im Haushaltsplan werden klassischerweise nur die Bruttoinvestitionen ausgewiesen. Dort steht aber weder die nötige Rate für die Schuldentilgung, noch wird die Abnutzung der Infrastruktur erfasst – auch der beste Tunnel hält schließlich nicht ewig, sondern muss immer wieder geflickt und erneuert werden. Daher wurden in der Praxis zwar immerfort Schulden für neue Investitionen aufgenommen, aber nie zurückbezahlt, wie es die Theorie eigentlich verlangt hätte.

Außerdem kann leidlich gestritten werden, welche Ausgaben als »Investition« zu zählen sind und welche nicht. Jede Brücke, jede Autobahn und jedes Bürogebäude läuft buchhalterisch unter dem Begriff »Investition«, obwohl der Nutzen für künftige Generationen nicht immer auf der Hand liegt. Bildung und Kinderbetreuung firmieren hingegen nicht als Investition, obwohl genau diese Ausgaben die höchste volkswirtschaftliche Rendite generieren. »Sparen schadet«, glaubt daher der amerikanische Wirtschaftsnobelpreisträger Joseph Stiglitz. »Statt ihre Haushalte zu konsolidieren, sollten Europa und die USA in Bildung, Gesundheit und Energieeffizienz investieren und die wachsende soziale Ungleichheit bekämpfen.«[119]

Im wirtschaftlichen Abschwung ist es also nur vernünftig, dass der Staat Schulden aufnimmt, um die Wirtschaft am Laufen zu halten. Diese Idee der »antizyklischen« – das heißt: gegen den allgemeinen Konjunkturtrend gerichteten – Steuerung geht auf den britischen Ökonomen John M. Keynes zurück. In allen Konjunkturflauten ist der Staat dieser Logik gefolgt, er hat massiv Schulden aufgenommen und in den Wirtschaftskreislauf gepumpt. Das ist prinzipiell, allen ernst zu nehmenden Ökonomen zufolge, richtig. Allerdings vergaßen die Politiker gern die Kehrseite der Medaille: Keynes plädierte dafür, die im Abschwung aufgenommenen Kredite im Aufschwung wieder abzutragen, um sich für die nächste Krise zu rüsten. Spare in der Zeit, dann hast du in der Not. Die Politiker aber sahen im Aufschwung erst recht keinen Grund zum Sparen – schließlich sei ja der Konjunkturmotor ordentlich am Brummen, weshalb die Wähler und Lobbyisten gütlich belohnt werden sollten. In der Folge wurden im Aufschwung die Steuern gesenkt und die Ausgaben erhöht – obwohl genau das Gegenteil angebracht gewesen wäre. Ein solch halbierter Keynesianismus kann nicht funktionieren. Auch die beste Theorie klappt nicht, wenn sie nur halb befolgt wird.

Zwei historische Sonderfälle kamen noch hinzu: Die Wiedervereinigung und die Verwerfungen der Bankenkrise wurden zu großen Teilen über Kredite finanziert. Allein die Bankenkrise trieb die Schuldenquote innerhalb weniger Jahre von gut 60 Prozent auf gut 80 Prozent nach oben – eine Last, die meine Generation zu spüren bekommen wird.

Aus schlechtem Gewissen angesichts der Milliardengarantien für marode Banken einigten sich die Politiker 2010/11 auf eine neue Finanzordnung für das Grundgesetz. Die alten Schuldenregeln, die Kredite zum Zweck von Investitionen oder zur Konjunkturstabilisierung erlaubten, wurden durch eine »Schuldenbremse« ersetzt: Die Bundesregierung darf sich seither nur noch mit maximal 0,35 Prozent des BIP pro Jahr neu verschulden, das ist viel weniger als bisher. Bundesländer dürfen ab einer Übergangszeit gar keine neuen Schulden mehr aufnehmen. Eine höhere Verschuldung in Wirtschaftskrisen ist weiterhin erlaubt, darf aber eine Höchstgrenze von 1,5 Prozent des BIP nicht überschreiten. Sie muss außerdem auf einem Ausgleichskonto separat ausgewiesen werden, das im Aufschwung wieder gefüllt werden soll.

Über Sinn und Unsinn der Schuldenbremse wird viel spekuliert. Wie die Schuldenbremse in der Praxis wirken wird, weiß keiner genau. Einige Ökonomen fürchten, der selbstverordnete Sparkurs bringe gerade Zukunftsinvestitionen in Gefahr, weil sich gegen deren Kürzung am wenigsten Widerstand von Wählerklientelen und Lobbyisten regt. Letzten Endes gebe die Politik damit jeglichen Handlungsspielraum aus der Hand, um aktiv für die Zukunft vorzusorgen.

Kritiker halten außerdem die Regeln für das Ausgleichskonto für realitätsfern: Die Konjunktur hält sich nämlich nicht an die perfekte Lehrbuchsymmetrie, sondern verläuft unregelmäßig. Man kann daher nie exakt berechnen, wie hoch die Schulden zur Konjunkturstützung sein müssen, um sie im Aufschwung wieder komplett abzutragen. Die erlaubte Schuldengrenze von 1,5 Prozent kann in schweren wirtschaftlichen Verwerfungen deutlich zu niedrig sein, um die Wirtschaft vor dem Kollaps zu retten. Überhaupt fehlt eine Regel, wie genau das Ausgleichskonto wieder aufgefüllt werden soll. Daher besteht die Gefahr, dass der Rotstift bei Bildung und Umwelt angesetzt wird, um die schwarze Null auf dem Schuldenkonto zu erreichen – was sicherlich nicht im Sinne der Nachhaltigkeit ist. Als Ausweg aus dem Dilemma schlage ich daher vor, einen vorübergehenden Zuschlag auf die Einkommensteuer für Spitzenverdiener einzuführen, der immer dann automatisch erhoben wird, sobald das Schuldenkonto in die roten Zahlen rutscht, obwohl es eigentlich schwarze Zahlen schreiben sollte. Sobald das Konto wieder gefüllt ist, würde der Zuschlag erneut automatisch wegfallen.

Was die neue Schuldenbremse bringt, muss die Zukunft zeigen. Absehbar ist, dass die Schuldenbremse zugleich als Steuersenkungsbremse wirkt: Ein ausgeglichener Haushalt verträgt sich schlecht mit weiteren Steuersenkungen. Die Steuerquote in Deutschland ist seit den 1970ern von damals 24 Prozent des BIP auf heute unter 21 Prozent gefallen. Es lohnt sich daher zu diskutieren, wie der Schuldenberg auch durch höhere Einnahmen abgetragen werden kann. Es gibt viele Möglichkeiten, über die es sich nachzudenken lohnt: ein höherer Spitzensteuersatz auf sehr hohe Einkommen, der Abbau von Ausnahmen bei der Mehrwertsteuer, die Wiedereinführung der Vermögenssteuer auf große Privatvermögen, eine höhere Erbschaftssteuer, die Einführung einer »Tobinsteuer« auf internationale Finanzgeschäfte oder die effektivere Bekämpfung von Steuerhinterziehung. Das Geld kann die Gesellschaft gut gebrauchen, um Investitionen in Kinderbetreuung, Bildung, Integration und den demografiefesten Umbau der Infrastruktur zu bezahlen. Auch eine vernünftige Sparpolitik muss auf die Tagesordnung. Bei den Subventionen an Industrien von vorgestern (siehe Steinkohleförderung), beim antiquierten Ehegattensplitting oder bei Beamtenpensionen ließen sich Milliarden einsparen.

Wir brauchen überdies neue Regeln, wie Konjunkturpakete geschnürt werden. Bisher waren Konjunkturspritzen von

Aktionismus und Opportunismus geprägt, weil unter dem Zeitdruck hereinbrechender Wirtschaftskrisen der nötige Raum zum Nachdenken fehlte. Erst wenn die Wirtschaft bereits abgestürzt war, fingen die Politiker an, an einem Stabilisierungsprogramm zu arbeiten. Es folgten politische Verhandlungen, bei denen es zugeht wie auf einem Basar: Jeder Politiker will für seinen Wahlkreis oder sein Bundesland eine maßgeschneiderte Extrawurst, und jeder Lobbyist möchte für seinen Brötchengeber möglichst fette Subventionen abgreifen. Resultat: Die Fördermaßnahmen kommen zu spät und dienen der kurzfristigen Konjunkturbelebung, ohne längerfristig wirkende Impulse zu setzen. Auch mit der neuen Schuldenbremse wird sich das nicht ändern.

Deshalb brauchen wir feste Leitlinien für auf Pump finanzierte Konjunkturpakete. Sie müssen die »drei T« erfüllen: *timely, temporary, targeted.* Rechtzeitig, befristet und zielgerichtet.[120] Das heißt: Die Stabilisierungsprogramme dürfen erstens nicht erst geschnürt werden, wenn die Konjunktur bereits im Keller ist, sondern müssen, in guten Zeiten konzipiert, quasi fertig in der Schublade liegen. Die Maßnahmen müssen zweitens zeitlich befristet sein: Sie dürfen also nicht neue Dauerausgaben hervorbringen, die plötzlich als natürlicher Besitzstand gelten und zur Dauersubvention werden. Die Ausgaben müssen drittens zielgerichtet sein: Sie sollen es nicht allen und jedem recht machen wollen und nicht nur kurzfristige Strohfeuer entfachen, sondern strukturelle Impulse setzen.

Ein Beispiel, wie die »drei T« konkret umgesetzt werden können, sind Klimaschecks: zweckgebundene und mit einem Ablaufdatum versehene Gutscheine, die für klimafreundliche Anschaffungen verwendet werden können, zum Beispiel Kühl- oder Gefrierschränke der besten Effizienzklasse, Wärmedämmung von Gebäuden und Fenstern, Heizungen mit erneuerbarer Wärme, Elektroautos und so weiter. Die Liste, welche Produkte und Dienstleistungen durch die Klimaschecks gedeckt sind, kann vom Gesetzgeber der jeweiligen wirtschaftlichen Situation maßgeschneidert angepasst werden.

Die dadurch ausgelöste Nachfrage würde sofort einsetzen und der Wirtschaft sofort helfen, würde aber zugleich strukturell nachhaltig wirken: Der Energieverbrauch sinkt, damit einhergehend die Energierechnung der Verbraucher – und wir können unser Geld für Sinnvolleres ausgeben als für die Strom- und Wärmerechnung, weil wir Energie effizienter einsetzen. Das Geld für die Klimaschecks bleibt größtenteils im eigenen Land: Denn die deutsche Industrie zählt zu den Weltmarktführern für Klimatechnologie, und Solarheizungen oder Wärmedämmung können nur vor Ort von lokalen Handwerkern installiert werden. Klimaschädliche Abgase werden reduziert, der Import knapper fossiler Rohstoffe sinkt.

Allein dieser kurze Abriss der Finanzpolitik vermittelt einen Eindruck davon, dass der Ausweg aus der Schuldenfalle nicht einfach sein wird – und erst recht nicht eindimensional. Sparen ist nicht alles. Wer an der falschen Stelle spart, schiebt nur verdeckte Staatsschulden in die Zukunft, weil das Knausern beispielsweise bei Bildung, Kinderbetreuung und Integration uns später teuer zu stehen kommt. Die schwäbische Hausfrau, die ihre Groschen eisern zusammenhält, ist daher nicht das geeignete Leitmodell für staatliche Finanzpolitik. Das bessere Vorbild ist die schwäbische Unternehmerin, die entschlossen in die Zukunft investiert.

Lasst uns mitentscheiden!

Wenn die Alten allein durch ihr strukturelles Wählergewicht die politische Agenda bestimmen, wird auch die Definition des Gemeinwohls älter. Die junge Generation wird von der Agenda verdrängt und verliert endgültig jegliches Vertrauen in einen Generationenvertrag. Eine Containment-Politik wider das Gefühl der Ohnmacht tut not: Wir brauchen mehr Chancen für die Jungen, ihr Gewicht in die Waagschale zu werfen. Dazu gehören selbstredend die verschiedensten Formen der kommunalen Jugendbeteiligung. Doch dies kann nur der Anfang sein.

Wir brauchen endlich ernsthafte Mitentscheidungsrechte von Schülerinnen und Schülern in ihren Schulen und von Studentinnen und Studenten in ihren Hochschulen – auch und vor allem in Form von Online-Votings, wie sie an amerikanischen Universitäten gang und gäbe sind. Junge Menschen müssen mitreden dürfen, wenn es um ihren täglichen Lebens- und Lernraum geht – schließlich sind sie die Betroffenen und schlechtenfalls Leidtragenden, wenn alte Rektoren, Lehrer oder Dekane über ihre Bildung entscheiden. Schüler- und Studentenvertretungen müssen auch jenseits

ihrer eigenen Schulen und Universitäten bei der Bildungspolitik mitreden dürfen.

Die Parteien müssen sich bewegen. Die Älteren müssen einen Teil ihrer Sitze und Pöstchen abgeben. Man mag gegenüber Quotenregelungen noch so skeptisch sein, aber es hat
gute Gründe, warum selbst ein überzeugter Liberaler wie
der FDP-Bundestagsabgeordnete Johannes Vogel, Ex-Chef der
Jungen Liberalen, für eine Jugendquote in Parteien plädiert:
Erst eine kritische Masse junger Menschen, die noch über
den Gartenzaun des Parteisprechs hinausschauen, kann
angestaubte Rituale und veraltete Konventionen entlarven,
das Geschacher um Posten und Macht beeinflussen, ideologische Sprechblasen und lebensferne Inhalte bloßstellen.
Junge Menschen müssen ihren festen Platz unter Parteitags-
delegationen, auf Listenplätzen und in Vorstandsgremien
bekommen. Die Parteien wären gezwungen, ihr Politikper-
sonal ständig zu erneuern und ihren Blick auf junge Talente
zu richten. Die Ochsentour bleibt wichtiges Handwerkszeug,
muss aber kürzer und beweglicher werden. Es kann nicht
derjenige gewinnen, der das meiste Sitzfleisch hat. Gute
neue Leute müssen einfacher in die Parteigremien und die
Parlamente kommen. Die Altvorderen dürfen nicht ewig an
ihren Sesseln kleben.

Auch die Beschlussfassung der Parteien muss anders, offener, transparenter werden. Ich warte gespannt auf den Tag,
an dem eine alte Partei wie die SPD das Liquid-Democracy-
System der Piraten entdeckt: Das ist eine Art Online-Portal,
das eine effiziente Antragsberatung und -beschlussfassung
im Internet möglich macht. Jeder kann von jedem Computer

aus Anträge stellen, beraten und abstimmen. »Liquid«, also flüssig, heißt das System deshalb, weil jeder seine Stimme auch auf Vertrauenspersonen delegieren kann, wenn und solange er will, je nach Themengebiet unterschiedlich und jederzeit kündbar. Die Grenzen zwischen direkter und repräsentativer Demokratie verschwimmen, sind also »flüssig«. Die Piratenpartei erledigt ihre gesamte Beschlussfassung auf diese Weise; die Parteitage dienen nur noch als letzte Instanz nach einer breiten, basisdemokratischen Antragsberatung. Man darf gespannt sein, welche Ergebnisse ein »Landesverband Internet« der SPD produzieren würde.

Wer das Internet für die politische Kommunikation verspielt, der redet fast zwangsläufig an der jungen Generation vorbei. Das Internet kann zur politischen Einstiegsdroge werden: Es gehört zur vertrauten Lebenswelt Jugendlicher, bietet Möglichkeiten zum Dialog auf Augenhöhe und zur Selbstorganisation, ist unabhängig von Zeit und Ort, zudem schnell und quasi kostenlos verfügbar und bietet niedrigschwellige Anreize durch soziale Netzwerke und multimediale Angebote. »Wenn das Fernsehen das Fenster zur Welt ist, durch das die Menschen den Politikern bei der Arbeit zuschauen können, dann ist das Internet eine Tür, die man öffnen kann, um selbst mitzumachen«, schreibt der Münchener Kommunikationswissenschaftler Tobias Moorstedt.[121] Digital Natives können im Internet am ehesten angesprochen werden – mit Marktplatz-Infoständen lassen sie sich nicht mehr erreichen. Insofern bietet das Internet tatsächlich die Chance auf Inklusion der skeptischen jungen Generation. It's the technology, stupid!

Alle Formen der Netzdemokratie und Jugendbeteiligung bleiben jedoch Stückwerk, wenn das wichtigste Mitspracherecht der jungen Generation noch länger vorenthalten wird: das Wahlrecht. Im Grundgesetz steht: Alle Staatsgewalt geht vom Volke aus. Die junge Generation gehört aber genauso zum Staatsvolk wie die Älteren. Demokratisch ist eine radikale Senkung des Wahlalters längst überfällig. Die Stiftung für die Rechte zukünftiger Generationen fordert daher – übrigens ebenso wie die Piratenpartei – ein Wahlrecht unabhängig vom Alter.

Wie soll das funktionieren? Sollen Babys künftig zur Wahlurne krabbeln? Solche Vorstellungen sind natürlich Quatsch. Der in diesem Kontext oft verwendete Kampfbegriff eines »Wahlrechts von Geburt an« führt in die Irre. Vielmehr muss man sich ein Wahlrecht durch Eintragung vorstellen: Jeder Mensch sollte sein Wahlrecht ausüben dürfen, sobald er will. Wer schon vor Erreichen der regulären Altersgrenze (von 18, besser 16 oder 14 Jahren) wählen will, kann sich durch einen Gang zum Rathaus in die Wählerliste eintragen und von diesem Zeitpunkt an sein Wahlrecht selbst ausüben. Kleinkinder werden das aus verständlichen Gründen kaum tun. Aber sobald ein junger Mensch wählen will, sollte er nicht allein aufgrund seines Alters daran gehindert werden. Einige Jüngere werden das vermutlich bereits mit zwölf oder dreizehn tun wollen.

Auf den ersten Blick rühren sich Bedenken. Wollen Kinder überhaupt wählen? Die Frage ist aber unerheblich – denn auch das Demonstrationsrecht wird ja nicht abgeschafft, nur weil es eine kleine Minderheit nutzt. Überhaupt wird niemand zur Ausübung des Wahlrechts gezwungen – es ist ein Recht, keine Pflicht. Auch bei Erwachsenen oder bei Hundertjährigen fragt niemand, ob sie wählen wollen oder nicht. Kennen sich Kinder genug mit Politik aus? Auch diese Frage kann kein legitimer Einwand sein, weil es in einer Demokratie keine Wissenstests geben kann und darf. Auch die senile Uroma, die Hitler nostalgisch verklärt und die Welt um sich herum kaum mehr wahrnimmt, hat das Wahlrecht. Ebenso wenig wie es ein Höchstwahlalter nach oben gibt, darf es ein Mindestwahlalter nach unten geben. Beides lässt sich demokratisch nicht rechtfertigen.

Mit dem Stellvertreterwahlrecht, bei dem die Eltern für ihre Kinder wählen sollen, hat das Wahlrecht durch Eintragung übrigens nichts zu tun. Ich plädiere dafür, dass die jungen Menschen selbst wählen. Es wäre denkbar, die Briefwahl unterhalb eines bestimmten Alters zu verbieten, um den Missbrauch der Briefwahl – wie er übrigens auch in Altenheimen durch manche Pflegekräfte betrieben wird – möglichst auszuschließen.

Wir brauchen eine ganz neue Kultur der Jugendpartizipation. Die kann sich aber nur entwickeln, wenn sich etwas in den Köpfen der Erwachsenen ändert. Dafür ist das Wahlrecht ohne Altersgrenze ein entscheidender Schritt. Das Wahlrecht ohne Altersgrenze bedeutet, dass Jugendliche ernst genommen werden. Es bedeutet, dass Jugendliche ihre Rechte kennen- und schätzen lernen. Es bedeutet, dass die Politik generationengerechter gestaltet und der drohende Generationenkonflikt deeskaliert werden kann. Wir sollten diesen Schritt wagen. Wir sollten mehr Demokratie wagen.

Will you still need me, when I'm sixty-four? *

Liebe Alte: Wir brauchen euch!

Die Rentner und ihre politischen Funktionäre sprechen gern darüber, was die Gesellschaft ihnen schuldet. Weit seltener wird darüber gesprochen, was die Alten uns schulden. Von einer wohlhabenden und zahlreichen Altengeneration können wir aber erwarten, dass sie mehr an uns Junge zurückgibt. Und zwar nicht nur an die eigenen Enkelkinder, sondern an die gesamte junge Generation, von der schließlich diejenigen am meisten Unterstützung brauchen, deren Großeltern am wenigsten leisten können.

Um das Land enkeltauglich zu machen, brauchen wir Jungen einen mächtigen Bündnispartner: die Alten, die heute an den Hebeln der Macht sitzen und die Masse der Wähler und Verbraucher stellen. Liebe Alte: Wir brauchen euch! Die Nachwelt liegt in eurer Hand.

---

* The Beatles (1967)

Wir brauchen eure Macht. Denn ihr seid viele, und Masse ist Macht. Geht mit uns zusammen auf die Straße. Treibt eure Kinder und Enkel an, wenn sie verlernt haben, dass man Gesellschaft gestalten kann. Geht wählen und abstimmen – und kreuzt nicht an, was ihr schon immer angekreuzt habt. Sondern versetzt euch in die Lage eures Urenkels und fragt euch, was aus dessen Sicht vermutlich am besten wäre.

Wir brauchen eure offenen Ohren. Gesteht euch ein: Ihr habt keine Ahnung. Die Zeiten haben sich verändert. Heute müssen die Eltern von den Kindern lernen. Wissenstransfer ist keine intergenerationelle Einbahnstraße mehr. Lasst uns in Ruhe mit eurer Besserwisserei! Hört auf mit den leidigen Appellen, wir sollten endlich Kinder kriegen, mit eurem Lamento über den Zeugungs- und Gebärstreik, mit eurem Gelaber über die angebliche Politikverdrossenheit der verwöhnten Jugend von heute. Und: Versucht erst gar nicht, uns weiszumachen, ihr würdet euch mit dem Internet auskennen.

Wir brauchen eure Zeit. Denn ihr habt viel davon. Mit professionellen Dienstleistern allein werden wir für die Kranken, die Pflegebedürftigen, die Kinder kein Rundum-Sorglos-Paket anbieten können. Wir brauchen neben allen hauptberuflich Engagierten eine solidarische Bürgergesellschaft, in der sich die Menschen umeinander kümmern und füreinander da sind. Ohne einen produktiven Unruhestand der Alten ist eine solche Bürgergesellschaft nicht vorstellbar.

Wir brauchen euer Geld. Klar: Nicht alle Alten leben wie die Made im Speck. Aber unter euch gibt es mehr Vermögende mit üppig gefüllten Konten als arme Omis mit mageren

Renten. Ihr seid die reichste Generation in unserem Land. Gebt einen Teil an die Gesellschaft zurück: als »Zukunftssoli«, für öffentliche Kinderbetreuung und Bildung oder den Umweltschutz. Denn: Wir sind jung und brauchen das Geld.

Der dänische Politikwissenschaftler Gøsta Esping-Andersen bringt es auf den Punkt: Als Deutschland jung war, wurde die soziale Sicherung für die Alten ausgebaut. Jetzt, da Deutschland alt wird, sind es die Kinder und Jugendlichen, die Unterstützung brauchen. Der vielbeschworene Generationenvertrag darf nicht als Schlagwort für pharisäische Sonntagsreden verkümmern. Wir müssen die Solidarität der Generationen neu entdecken. Generationengerechtigkeit ist keine Einbahnstraße. Die Alten sind mehr, sie sind reicher und haben das Sagen. Sie haben die Gesellschaft so gemacht, wie sie heute ist. Daher müssen sie Verantwortung übernehmen. Und die Welt ein bisschen besser hinterlassen.

Wir brauchen eure Macht

In meinem Regal steht ein Buch mit dem markigen Titel *Die Ausbeutung der Enkel*. Dabei handelt es sich keineswegs um die Hetzschrift eines halbwüchsigen Generationenkriegers, denn hier hat Kurt Biedenkopf seine Lebenserfahrung zu Papier gebracht. Nicht alle Kritik, die der Elder Statesman vorbringt, teile ich. Aber der ehemalige CDU-Ministerpräsident nimmt auch kein Blatt vor den Mund, wenn es um Kritik am herrschenden Politikbetrieb geht. Er hat die Berufspolitik hinter sich und kann daher Wahrheiten umso offener aussprechen. Schonungslos notiert er: »Fast rührend – und deshalb durchaus beliebt – sind die Versicherungen, man denke die Enkel gewissermaßen mit, reserviere ihnen im Geiste einen Platz am Kabinettstisch, wenn wieder einmal über ihre Lasten entschieden wird, die sie tragen sollen, man sich also wieder einmal zur Erleichterung der eigenen Lage dazu entschließt, sich mit einem Vertrag zu Lasten Dritter zu helfen.« In Wahrheit sei der Generationenvertrag längst gekündigt. Die Interessen der nachrückenden Generation hätten keine Chance, sich im politischen Kampf durchzusetzen. »Unser Verhältnis zu den Enkeln ist, soweit ich sehen kann, noch nie unter dem Gesichtspunkt der sozialen Unausgewogenheit unserer Finanz- und Sozialpolitik erörtert worden.«

In einer Demokratie wird Masse zur Macht. Die Politiker brauchen Wählerstimmen. Wenn also die Älteren immer mehr werden, dann bestimmen sie die Agenda: In den Parlamenten ebenso wie bei Volksentscheiden und Bürgerhaushalten bilden die Älteren die Mehrheiten und treffen damit die Entscheidungen. Die junge Generation wird links liegengelassen und mit Symbolpolitik abgespeist. Jeder dritte Wähler ist schon heute über sechzig. Laut Statistischem Bundesamt wird sich ihr Anteil bis zur Mitte des Jahrhunderts ungefähr verdoppeln.[122] Das gewichtete Durchschnittsalter der Wahlbevölkerung wird derweil bis 2030 von 47 auf 54 Jahre steigen.[123] Wir sind mitten auf dem Weg in die »Opakratie« (Jakob Schrenk).

Die Alten sind zur wichtigsten Zielgruppe der großen Parteien geworden. Ein Strategiepapier von CDU/CSU bekennt unverhohlen: »Ohne mindestens 50 Prozent Zustimmung bei älteren Wählern wird das Ziel 40 Prozent plus X nicht zu erreichen sein.«[124] Die Lebenswelt Jugendlicher kommt in den Volksparteien gar nicht vor. In der CDU stieg der Anteil der 60-plus-Mitglieder von 1990 bis 2007 von 29 auf 48 Prozent, in der SPD von 25 auf 43 Prozent.[125] In der Linkspartei haben sogar rund 70 Prozent der Mitglieder ihren sechzigsten Geburtstag hinter sich. Allein die FDP (35 Prozent Ältere) und die Grünen (zwölf Prozent) haben sich jung gehalten. Ohne die Älteren lässt sich aber keine Wahl gewinnen. Gegen sie lässt sich keine Politik machen. Sie werden die Sieger im Kampf um die knappen Ressourcen sein. Die Jungen werden vergessen und verdrängt. An die Zukunft denkt keiner mehr. Der strukturelle Konflikt zwischen Reich und Arm findet seine Fortsetzung im Ungleichgewicht zwischen Alt und Jung. Altbundespräsident Roman Herzog mahnt: »Ich fürchte, wir sehen gerade die Vorboten einer Rentner-Demokratie: Die Älteren werden immer mehr, und alle Parteien nehmen überproportional Rücksicht auf sie. Das könnte am Ende in die Richtung gehen, dass die Älteren die Jüngeren ausplündern.«

Im Verteilungskampf können die marginalisierten Jungen nur verlieren. Innerhalb der Familien mögen sich Omi und Opi noch so liebevoll um die Enkel kümmern, aber auf gesellschaftlicher Ebene spitzen sich die Konflikte zu. Eine empirische Studie des Max-Planck-Instituts für demografische Forschung räumt mit der Lebenslüge auf, die Älteren würden sich den lieben langen Tag nur um das Wohl der Jüngeren sorgen. Die groß angelegte, repräsentative Befragung von 16 000 Menschen belegt: Die Bereitschaft, an jüngere Menschen zu denken, schrumpft mit zunehmendem Alter deutlich. Je älter ein Bundesbürger, desto weniger familienfreundlich ist die Politik, die er sich wünscht. Und desto eher will er ein Rentensystem, das die jüngere Generation stärker belastet. Die Zustimmung eines 65-Jährigen zu einer Erhöhung des Kindergeldes ist um 85 Prozent weniger wahrscheinlich als die Zustimmung eines 20-Jährigen. Die Zustimmung zu flexibleren Arbeitszeiten für Eltern ist bei Älteren nur halb so groß wie bei Jüngeren. Auch die Zustimmung zur Finanzierung öffentlicher Kinderbetreuung nimmt ab dem sechzigsten Lebensjahr radikal ab.[126] Zugespitzt formuliert: Den meisten Älteren ist es ziemlich gleichgültig, wie es jungen Familien, Teenagern und Studierenden geht. Der bekannte Sozialpsychologe Harald Welzer meint daher nicht grundlos, unsere alternde Gesellschaft sei zukunftsvergessen geworden: »Immer mehr Menschen haben den größeren Teil ihrer Lebenszeit bereits hinter sich. Ihnen geht es um die Sicherung des Status quo, als dass sie für Zukunftsinvestitionen zu gewinnen sind. Die Rückwärtsgewandtheit ist doch allgegenwärtig.«[127]

Die Älteren können nicht nur ihr riesiges Wählergewicht ausspielen: Ruheständler verfügen auch über wesentlich mehr Zeit und Geld als Studierende oder Berufseinsteiger, um Bürgerbegehren ins Rollen zu bringen und in ihrem Sinne zu beeinflussen. »Die Alten haben ein mächtiges Instrument entdeckt, um sich über unsere Interessen hinwegzusetzen«, warnt Heike Kottmann in der *Neon.* »Das Plebiszit ist ein Machtinstrument der Rentner- und Seniorenpolitik. Wenn in Zukunft häufiger per Volksentscheid abgestimmt wird, vielleicht sogar auf Bundesebene, wird die Lobby der Alten weiter die Themen festlegen und das Land mit einer Verbotskultur überziehen. Werden die Rentner für oder gegen einen Führerschein für 17-Jährige stimmen? Werden sie sich für oder gegen ein Alkoholverbot in der Öffentlichkeit entscheiden? Für oder gegen die Lautstärkeregelung von Open-Air-Konzerten?«[128] Die Interessen von Schwachen und Minderheiten und damit in einer alternden Gesellschaft auch der Jugend sind in einer repräsentativen Demokratie mitunter besser aufgehoben als in einer Referendumsrepublik der Greise. Die repräsentative Demokratie weiß die Tyrannei der Mehrheit besser zu bändigen.

In früheren Epochen waren die Älteren auf die Barmherzigkeit der Jüngeren angewiesen.»Genau das aber hat sich mit der Einführung des allgemeinen und gleichen Wahlrechts verändert. Schon auf Grund ihrer Zahl hat die ältere Generation heute Macht und Einfluss wie nie zuvor«, erklärt der bekannte Politikwissenschaftler Herfried Münkler.»Die Verschiebung der Machtverhältnisse wird noch dadurch verstärkt, dass es Wahlrechtsbegrenzungen zwar in Kindheit und Jugend, aber nicht im Alter gibt. Schon deswegen ist ein Generationenkrieg für die Jüngeren unter den herrschenden Verteilungsregeln nicht zu gewinnen.«[129] Heute seien die Jüngeren auf die Barmherzigkeit der Älteren angewiesen, nicht umgekehrt.

Die Fronten formieren sich. Der CSU-Spitzenpolitiker Alois Glück, langjähriger bayerischer Landtagspräsident, beklagt eine unzeitgemäße »Jugendfixierung« der Politik. Die »dominante ältere Wählergruppe« würde sich möglicherweise bald nicht mehr angesprochen fühlen. Daher müsse man unter den Abgeordneten wieder die »richtige Mischung« der Altersgruppen finden (daher: mehr Greise in die Parlamente!).[130] Auch Ex-Ex-Ex-Ex-SPD-Chef Hans-Jochen Vogel, Jahrgang 1926, kritisierte, dass die Älteren in den Parlamenten derzeit nicht gebührend vertreten seien.[131] Otto Wulff, Chef der Senioren-Union, strotzt vor Selbstbewusstsein: »Wir Älteren sind selbstbewusster geworden und spüren unsere Macht. Gegen uns sind für eine Volkspartei keine Wahlen mehr zu gewinnen.« Sein Vize Leonhard Kuckart forderte indes, Kitas wegen der Lärmbelästigung aus Wohngebieten zu verbannen.[132]

Die seit 2009 geltende Rentengarantie war ein Wahlgeschenk an die Alten. Nach der bisherigen Rentenlogik stiegen die Renten, wenn die Löhne stiegen; umgekehrt müssten folgerichtig die Renten sinken, wenn die Löhne sinken. Doch die Rentengarantie schuf eine einseitige Privilegierung für die Alten auf Kosten der Solidargemeinschaft. Kaum ein Wissenschaftler hielt die Rentengarantie für fair. Aber Rentnerlobbyistin Ulrike Mascher, Chefin des größten deutschen Sozialverbands VdK, drohte: »Wer die Rentengarantie in Frage stellt, muss damit rechnen, bei der Bundestagswahl abgestraft zu werden.«[133]

Bei den internen Regierungsverhandlungen über das Sparpaket waren einzig und allein die Steuerzuschüsse zur Rentenkasse von vornherein von Kürzungen ausgenommen. Als der hessische Ministerpräsident Roland Koch empfahl, auch bei Bildung und Kinderbetreuung dürfe es keine Spar-Tabus geben, ging zwar ein Sturm der Entrüstung durchs Land –

doch genau dort setzten nicht wenige Länder den Rotstift an, um die Sparvorgaben zu erfüllen. Während also Politiker in rhetorischen Gemeinplätzen die schlechte Vereinbarkeit von Beruf und Familie beklagen, lassen sie Kinder und ihre Eltern spüren, dass nicht sie es sind, die im Land das Sagen haben. Kommunen können sich den Ausbau der Kinderbetreuung oft schon nicht mehr leisten, die Verlängerung der Vätermonate beim Elterngeld wurde vertagt, Alleinerziehenden in Hartz IV das Elterngeld weitgehend gestrichen. Schleswig-Holstein legte das angekündigte kostenfreie dritte Kita-Jahr auf Eis und vergrößerte die Gruppen in den Kindergärten, Hamburg erhöhte die Kita-Gebühren um bis zu hundert Euro pro Monat. Wo bleiben die Jungen?

Als der junge CDU-Parlamentarier Jens Spahn die milliardenschweren Rentenzusagen kritisierte, wurde er zur Zielscheibe des geballten Zorns der Rentnerhorden. Schmähbriefe und Telefonanrufe legten sein Büro über Wochen lahm, er wurde als »Rotzlöffel« und »Hosenscheißer«, »Arschloch« und »Schmarotzer« beleidigt.[134] Funktionäre der Senioren-Union drohten mit der Verhinderung seiner Nominierung bei der nächsten Wahl. Sogar vor Morddrohungen schreckten einige nicht zurück.[135] So geht es offenbar allen Jüngeren, die sich für ihre Interessen öffentlich stark machen: Nach fast jedem Interview, in dem ich mich zur Rente äußere, erhalte auch ich diverse Schreiben von Alten, die mir »viel Ärger« ankündigen oder mich auf sonstige Art und Weise beschimpfen und bedrohen – oder mir gar ins Gesicht sagen, sie würden mir gern »den Hals umdrehen«. So sollte der Dialog der Generationen nicht aussehen.

Willy Brandt hat einmal gesagt, man habe es »nicht verstanden, die junge Generation in ausreichendem Maße am politischen Geschehen zu beteiligen«. Dies gilt heute umso mehr. Zwar wird gern *über* die Jugend geredet, aber *mit* der Jugend will niemand reden. Wohlfeile Sonntagsreden und Beteiligungsprojekte erwecken den Eindruck, jungen Leuten stünden alle Türen offen.

Sobald es allerdings um entscheidungsrelevante Mitsprache geht, endet der gute Wille. Wenn die Politiker ein bisschen Jugendpartizipation inszenieren wollen, endet das zumeist in Anbiederungsversuchen oder substanzarmen Eintagsfliegen. Einzelne wohlklingende Beschlüsse zur Partizipation junger Menschen können über den strukturellen Mangel an attraktiven Beteiligungsmöglichkeiten nicht hinwegtäuschen. Eine Schwalbe macht noch keinen Sommer, und auch drei Minister unter 40 verjüngen noch keine Regierungspolitik.

Im Nachhaltigkeitsrat, der die Bundesregierung in Fragen der Zukunftsfähigkeit berät, sitzen viele honorable Persönlichkeiten, aber kein einziger Mensch unter 45 Jahren. Briefe an den Ratsvorsitzenden und das Kanzleramt mit der Bitte, wieder einen jüngeren Menschen in den Rat zu berufen, stießen auf Desinteresse und Ablehnung. Dabei ist die heute junge Generation vom Thema Nachhaltigkeit am stärksten betroffen. Und als Ursula von der Leyen im Jahr 2011 den »Rentendialog« startete, fehlte wieder am Verhandlungstisch: die junge Generation. Warum darf die Jugend nicht mitreden, wenn es um ihre Interessen und die Zukunft des Landes geht?

Liebe Alte: Ihr wolltet doch immer, dass es euren Kindern einmal bessergeht. Vergesst diesen Wunsch nicht! Euch bleiben noch ein paar Jahre, um eure Fehler wiedergutzumachen. Es gibt vieles, was ihr nicht nur irgendwie besser, sondern fundamental anders machen müsst.

Lasst euch nicht von den Funktionären der Altenverbände für ihre Lobbyzwecke instrumentalisieren. Geht mit uns auf die Straße – so wie bei den Demonstrationen gegen die Atomkraft. Lasst uns mitreden und gebt uns eine Stimme – im Verein, in der Partei, im Unternehmen, in der Gewerkschaft, an jedem Verhandlungstisch. Kämpft für die Rechte und Interessen eurer Enkel: für konsequenten Klimaschutz, für bessere Bildung und öffentliche Kinderbetreuung, für faire Arbeit und eine offene, unternehmerische Gründerkultur, für ein faires Rentensystem. Macht euch zu Anwälten der Jungen!

Wir brauchen eure offenen Ohren

Ihr habt keine Ahnung von unserer Lebenswelt. Ihr lästert gerne über uns, redet aber selten mit uns – und wenn, dann nicht mit offenen Ohren. »Die Jungen sollen Kinder bekommen«, »die Jugend von heute ist so politikverdrossen«, »wenn es mir damals so gutgegangen wäre wie euch« – Sätze wie diese können wir nicht mehr hören. Die Alten flüchten am liebsten in die glückselige Vergangenheit und verklären ihre eigene Jugend zur besten aller Zeiten. Sie erzählen nicht davon, wie unsere Gesellschaft sein soll, sondern träumen davon, wie sie früher einmal war.

Nehmen wir etwa die Lebensweisheiten von Norbert Blüm (der Exminister, der mal »Die Rente ist sicher!« auf Litfaßsäulen plakatierte), die vor Nostalgie nur so triefen. In seinem Buch erzählt Opa Norbert von damals, als er 1949 bei Opel schaffte: »Feilen, wie die Väter feilten. Neun Stunden am Tag, fünf Tage die Woche und jeden zweiten Samstag noch einmal sechs Stunden. So war das mit der 48-Stunden-Woche damals.« Nichts träumt er sich sehnlicher herbei als die gute alte Zeit der 48-Stunden-Woche aus vergangenen Zeiten, als alles noch gut war. »Arbeit, die wir nicht an Technokomplexe delegieren, sondern erleiden, kann uns die Bodenhaftung der individuellen Realität bewahren. Der Schweiß auf der eigenen Stirn, das ist möglicherweise der letzte Damm, der uns vor dem Internetnirwana rettet.« Opa Norbert will uns vor dem Internetnirwana retten. Für uns ist das Internet kein Nirwana, sondern Realität, in der wir kommunizieren, arbeiten, leben. Den buchstäblichen Schweiß im Angesicht erleiden die körperlichen Berufe heute wie damals; im Gegensatz zu Norbert Blüm wären sie aber froh, wenn sie die Arbeit an Technokomplexe delegieren könnten. Norbert Blüm aber meint: »Ich jedenfalls würde mich auf stürmischer See eher einem erfahrenen Kapitän anvertrauen als einem jungen Navigationsexperten.« Nur sind Seefahrt und Schiffe heute anders als zu den Zeiten der altgedienten Kapitäne.

Die Regeln für unser Zusammenleben werden von alten Politikern aufgestellt, die keine Ahnung von der Lebenswelt der jungen Generation haben. »Die überalterte Gesellschaft wird regiert von noch älteren Moral- und Meinungsmachern«, kritisiert Jakob Schrenk in der *Neon*.[136] Wenn die greisen Besserwisser kritisiert werden, haben sie sogleich das jeweils allgültige Konterargument parat: »Ich habe das damals schon gesagt. Sie waren damals nicht dabei. Das war schon damals so. Ich wusste das schon immer.« Alice Schwarzer beispielsweise glaubt, »mitteljunge Frauen« seien einfach nur neidisch auf ihre Position.[137] Mit einem solchen Totschlagargument kann freilich jede Kritik abgebügelt werden. Was nicht ins Weltbild passt, wird passend gemacht.

Eine Volksweisheit lautet: »Wer jung und nicht links ist, der hat kein Herz. Wer alt und nicht konservativ ist, der hat keinen Verstand.« Was meint: Die Jugend darf naiven Idealen hinterherhängen und von einer schönen Welt träumen, aber mit der Erfahrung des Alters gesegnet, werden sie schon merken, wie die Welt wirklich ist. Heute erscheinen eher die Jungen skeptisch und realistisch, die Alten hingegen ahnungslos und lebensfremd. »Die Alten analysieren nicht. Sie appellieren: mehr Frieden, mehr Disziplin, weniger Gier (auf Pornos und Profite)«, notiert Jakob Schrenk. Am besten, es wird alles wieder so, wie es früher einmal war.

Anstatt mit der Jugend zu sprechen, erlassen sich die Alten in kenntnisarmen Verbotsdebatten, um die störrische Jugend zu kontrollieren. Amokläufe an Schulen wollen sie durch das Verbot von »Killerspielen« abwenden, Mobbing im Internet wollen sie durch eine Echtnamen-Pflicht beseitigen, Alkoholexzessen und Straßenschlägereien wollen sie durch öffentliche Trinkverbote beikommen. Noch die friedlichste Studentin mit einem Pils in der Hand und der harmlose

Nerd an seiner Spielkonsole werden kriminalisiert, obwohl sie nichts Unrechtes im Schilde führen. Als Mensch unter 30 fragt man sich: Geht's noch? In Baden-Württemberg erließen die obersten Richter vor kurzem ein Verbot für den Sonntagsbetrieb von DVD-Leihautomaten.[138] Die Automaten würden schließlich den heiligen Sonntagsfrieden stören. Haben die greisen Juristen überhaupt eine Ahnung, worüber sie da urteilen?

Gebt es zu: Ihr habt keinen blassen Schimmer, wie es sich anfühlt, wenn das Internet so selbstverständlich zum Leben gehört wie ein Radio. Wenn man nicht erst von Boris Becker (»Ich bin drin«) überzeugt werden musste, sich von der Telekom ein Modem zu holen. Wenn ein ISDN-Anschluss (mit mehreren Telefonbuchsen und eine davon für das Internet) nicht revolutionär, sondern altmodisch ist. Wenn Liebesbriefe nicht mehr handgeschrieben, sondern über Facebook verschickt werden. Für euch war es normal, über das Festnetz zu telefonieren. Wir halten das Festnetz höchstens für eine nette Ergänzung zum Handy. Heute schreiben Buchautoren Bestseller über ihre Extremerfahrung, eine Zeitlang offline zu leben. Das ist die Welt, in der wir aufwachsen.

Ein bezeichnendes Beispiel erzählte mir der Ex-Chef des Internetportals studiVZ (einer Art deutscher Variante von Facebook). StudiVZ wurde inzwischen von Facebook nahezu verdrängt, aber zur Zeit des letzten Bundestagswahlkampfs 2009 tummelten sich dort noch viele Schüler, Studierende und junge Leute generell. StudiVZ wollte mit einer virtuellen Wahlzentrale zum Wählen aufrufen und bat die Parteien um Videostatements. Anstatt jedoch auf diese Weise ohne

Umwege und obendrein ohne einen Cent Wahlkampfkosten um die Stimmen der jungen Generation zu werben, mussten die Parteien erst mühsam von dem Angebot überzeugt werden. Die SPD wollte nur mitmachen, wenn die CDU auch mitmacht. Bei der Linkspartei musste der studiVZ-Chef sogar mehrfach persönlich bei Gysi und Lafontaine vorstellig werden, um ihnen zu erklären, was das studiVZ überhaupt ist (»so was Ähnliches wie ein Videokanal ...«).

Ähnlich bizarr verläuft die Debatte um Jugendschutz und »Killerspiele«. Selbst für jemanden wie mich, dessen Erfahrungshorizont nie wesentlich über Supernintendo und *Command & Conquer* hinauskam, ist es grotesk zu beobachten, wie krass an der Alltagswelt der Jugendlichen vorbei die Debatte um Computerspiele geführt wird. Der Tenor lässt sich einfach zusammenfassen: Stupide Ballerspiele machen unsere Kinder zu gefühllosen Zombies und sozialisationsunfähigen Kellerkindern, die weder Latein lernen noch Goethe lesen. Kein Wunder, wenn diese psychisch verkrüppelten Wesen austicken und ihre Lehrer und Mitschüler bei Amokläufen niederschießen. – Es sei dahingestellt, ob Videospiele eine sinnvolle Freizeitbeschäftigung sind. Aber dass selbst seriöse Magazine wie *Hart aber fair* oder *Frontal 21* regelmäßig krasse Falschinformationen ausstrahlen, ohne dass es den Zuschauern auffällt, ist Symptom einer obskuren Verbotsdebatte. Weder bei den politischen Entscheidern noch bei der Zielgruppe der öffentlich-rechtlichen Sender gehören Computerspiele zum Kulturgut. Deswegen haben sie auch keine Ahnung, was sie eigentlich beschließen. Wissenschaftlich liegt kein Beweis vor, dass ein Zusammenhang zwischen

Gewalttaten und der Nutzung der geächteten Videospiele besteht. Die Politik macht es sich zu einfach, wenn sie Videospiele als Ursache für Gewaltexzesse konstruiert – und damit Hunderttausende harmlose Jugendliche unter den Generalverdacht des potenziellen Amokläufers stellt.

Mit technischen Verboten aus dem Denken der analogen Welt kann man Computerspiele, die schon längst Teil der Alltagskultur geworden sind, ohnehin nicht wieder aus der Welt schaffen – ebenso wenig wie man die Zeit zurückdrehen kann. Obendrein sollen selbst harmlose Strategiespiele wie *World of Warcraft* auf den Zensurlisten landen. Auch Paintball, bei dem sich gegnerische Teams mit Farbpatronen beschießen, sollte verboten werden, ginge es nach dem Willen einiger Politiker. Wer kann schon ahnen, was als Nächstes verboten werden soll: Autorennspiele, weil sie Teenager zu Tempo 200 auf deutschen Straßen motivieren? Wasserpistolen, weil sie Gewalt bei Kindern fördern?

Die abstrusen Verbotsdebatten sind der Beweis: Liebe Alte, ihr habt keine Ahnung. Ihr seid unter anderen Bedingungen aufgewachsen als wir. Eure Lebenswelt ist eine völlig andere. Lasst das Gejammer über die Jugend von heute. Und wenn ihr nicht wisst, über was ihr eigentlich redet, dann fragt entweder nach – oder lasst uns in Ruhe.

Wir brauchen eure Zeit

Es ist immer gut, wenn Politiker nach ihrer aktiven Amtszeit mit visionären Ideen aufwarten. So auch Lothar Späth. Der ehemalige CDU-Ministerpräsident von Baden-Württemberg hat zusammen mit einem Altersgenossen, dem Unternehmensberater Herbert Henzler, ein Buch geschrieben. Ihr Werk *Der Generationen-Pakt* ist eine Hymne auf das soziale Engagement der älteren Generation. Das Buch erzählt von Annemarie Dose, einer Rentnerin, die nach dem Tod ihres Ehemanns eine neue Erfüllung im Leben suchte, die Hamburger Tafel gründete und noch mit 80 Jahren beim Sammeln und Verteilen von Lebensmitteln hilft. Es berichtet vom pensionierten Arzt Uwe Decker, der eine »Praxis ohne Grenzen« eröffnete, um Menschen zu helfen, die keine Krankenversicherung haben und sich medizinische Versorgung nicht leisten können. Es beschreibt das Leben von Familien, von Enkeln, Kindern und Großeltern, die füreinander da sind. Und welche Probleme es gibt, wenn keine Kinder mehr da sind, die sich kümmern könnten.

Die Rentnergeneration wird immer größer, und sie hat vor allem eins: Zeit. Zeit soll, geht es nach Lothar Späth, zur neuen Zweitwährung werden: Wer den Nachbarn im Rollstuhl spazieren fährt oder Pflegebedürftige füttert, soll für jede Stunde des Helfens mit einer Zeitgutschrift belohnt werden – die er später vielleicht gut gebrauchen kann. Nicht nur Rentner, sondern Bürger jeden Alters können so mit ein paar gut investierten Stunden in der Woche ihr Zeitkonto füllen.

Gerade für Arbeitslose wäre das sinnstiftende Beschäftigung und wertvolle Alterssicherung zugleich. Profis und Bürger arbeiten Hand in Hand: Die großen Wohlfahrtsverbände wie die Caritas und das Diakonische Werk, die ohnehin über ein Heer von momentan zwei Millionen freiwilligen und angestellten Helfern verfügen, könnten das Zeitsystem organisieren. In einigen Städten und Gemeinden, beispielsweise in Böhringen bei Freiburg, funktioniert die »Zeitbank« bereits hervorragend *(www.spes.de)*.

Vordenkern wie Ulrich Beck schweben schon lange ähnliche Ideen der Bürgerarbeit vor, um die Arbeitsgesellschaft neu zu organisieren. Doch was der Soziologe nur schwammig umriss und im Zweifelsfalle mit Geld entlohnt wissen wollte, wird in der Zeitbank zu einem solidarischen Generationenpakt, um für den demografischen Wandel vorzusorgen und die Familie neu zu erfinden. »Die Familie wächst nicht nach und umgibt die Alten, bis sie sterben«, gibt Lothar Späth zu bedenken. »Wer da nicht vereinsamen will, muss rechtzeitig vorbeugen. Die Familienmodelle mögen sich ändern, aber wer selbst keine Kinder hat, der hat Nichten und Neffen, der kennt die Kinder seiner Freunde oder Nachbarn. Um die kann man sich ein bisschen kümmern: Mal nachfragen, wie das Studium läuft; mal überlegen, wo man den jungen Leuten eine Tür öffnen oder was man sonst für sie tun kann; es gibt viele Möglichkeiten. Es geht nicht darum, sie in die Pflicht zu setzen, uns zu helfen oder gar zu pflegen, wenn es so weit ist. Aber jeder sollte seine Welt frühzeitig mitgestalten, in der er einmal alt wird. Und wenn keine eigenen Kinder da sind, dann sind Beziehungen anderer Art umso wichtiger: Familie ist künftig dort, wo zwei oder mehr Menschen füreinander da sind.«

Der populäre Philosoph Richard David Precht wirbt indes für ein soziales Pflichtjahr für Senioren. »Die Generation, die jetzt in Rente geht, die goldene, die eine beispiellose Wirtschaftsprogression erlebt hat und die vom Krieg verschont wurde«, soll verpflichtet werden, sich ein Jahr lang ehrenamtlich und 15 Stunden pro Woche um Kinder oder Pflegebedürftige zu kümmern. Die Idee ist nicht völlig abwegig, ich finde aber, dass die Zeit der Pflichtdienste im 21. Jahrhundert vorbei sein sollte.

Wir müssen über das Alter grundsätzlich neu nachdenken. Warum schicken wir einen gesunden, aktiven Menschen in den staatlich verordneten Zwangsruhestand, wenn er noch länger arbeiten will? Starre Altersgrenzen für die Rente taugen nicht mehr. Das Rentenmodell von gestern, nach dem man ein Leben lang viel und dann abrupt gar nicht mehr arbeitet, hat sich überlebt. Es wäre besser, schon in jungen Jahren mehr Freizeit und Auszeiten und mehr Zeit für die Familie zu haben. Lebensarbeitszeit und Rentenzeit müssen verschwimmen, das Rentenalter muss flexibel werden. Die Erfahrung der Alten nicht zu nutzen ist gerade in einer alternden Gesellschaft eine törichte Verschwendung. Lothar Späth bringt es auf den Punkt: »Um mit dem demographischen Wandel zurechtzukommen, ist vor allem eines notwendig: eine Gesellschaft, die flexibel und kreativ Probleme aufnimmt, die Lösungen organisiert und ausprobiert und in der sich die Menschen wieder mehr umeinander kümmern.«

Eine Pionierin des Generationenpakts ist Hildegard Schooß. Wer sie kennenlernt, ist fasziniert von der Energie der heute 66-Jährigen. Medien feiern sie als Generationenversöhnerin, Familienverbinderin, Betreuungsunternehmerin. Dabei fing alles ganz bescheiden an: Als 1965 ihr erstes Kind zur Welt kam, wollte sie kein traditionelles Hausfrauendasein führen. Also mietete sie kurzerhand einen Raum in Salzgitter und gründete das erste Mütterzentrum Deutschlands: ein Treff- und Arbeitspunkt, an dem sich Menschen begegnen und einander helfen. Ihr Gedanke: Die Angehörigen von Pflegebedürftigen oder jungen Familien leben oft weit weg oder sind überfordert, professionelle Dienstleister dagegen sind teuer und können nicht den gesamten Betreuungsaufwand schultern. Aus dem Mütterzentrum ist ein Mehrgenerationenhaus geworden, in dem Jung und Alt mit offenen Armen empfangen werden. Wer Hilfe braucht oder helfen kann, für den bieten die selbstverwalteten Mehrgenerationenhäuser – inzwischen gibt es davon 500 allein in Deutschland – eine Art modernen Dorfplatz, um zueinanderzufinden und Dienstleistungen zu tauschen: eine Vermittlungsbörse für Leihomas und Tagesmütter, Einkaufsdienste, Krankenversorgung, Freizeit- und Kulturangebote. Die junge arbeitslose Friseurin schneidet der Oma die Haare, die im Gegenzug auf ihre Kinder aufpasst, wenn sie beim Arbeitsamt sitzt oder ein Date hat. Inzwischen gibt es zuhauf Modelle für gemeinschaftliches Wohnen im Alter, wie das »Mobilé« in Köln, wo junge Familien und Alleinerziehende mit Rentnern zusammenleben.

Die besten Ideen sind oft einfach. Es braucht nur jemanden, der für eine Idee brennt. Warum nicht ab sofort Kindergärten und Altenheime nebeneinanderbauen? Rentnerinnen und Rentner und junge Eltern würden so zusammengebracht: Die Älteren könnten sich auch nach Ende der Öffnungszeiten des Kindergartens um den Nachwuchs der Jüngeren kümmern, ihre Tage würden durch das quirlige Tollen der Kinder bunter und lebendiger, während die jungen Eltern im Gegenzug bei ihrem nächsten Einkauf ein paar Sachen mitbesorgen oder erklären, wie man dem im Ausland lebenden Enkelsohn eine E-Mail schreibt. Die Alten hätten wieder das Gefühl, gebraucht zu werden – und sie werden gebraucht.

Wir brauchen euer Geld

Mit etwas Zeit ist es nicht getan. Wir werden uns auch über eine finanzielle Umverteilung streiten müssen. Es gibt unter den Alten nicht nur die bedürftige Omi, die mit einer kargen Rente auskommen muss. Unter den Senioren tummeln sich auch viele Reiche. Richtig Reiche. Liebe Alte: Ihr seid die vermögendste Generation in Deutschland. Es ist Zeit, dass ihr einen Obolus davon abgebt. Denn wir sind jung und brauchen das Geld.

Die Armut hat sich von den Alten auf die Jungen verschoben: Jedes sechste Kind wächst heute in materieller Armut auf.[139] Knapp ein Viertel der 19- bis 25-Jährigen lebt unterhalb der Armutsschwelle.[140] Im Vergleich dazu stehen die

Alten nicht schlecht da: »Die materielle Lebenssituation der Älteren ist besser als die des Durchschnitts der Gesamtbevölkerung«, weiß der Verteilungsökonom Markus Grabka vom Deutschen Institut für Wirtschaftsforschung. »Durchschnittlich haben die Senioren mehr verfügbares Einkommen und vor allem mehr Vermögen als die Jüngeren, die heute ihre Beiträge in die gesetzliche Rentenversicherung zahlen und später deutlich weniger Rente rausbekommen werden.«

Die umfassenden Erhebungen, die das Deutsche Institut für Wirtschaftsforschung regelmäßig anstellt, zeigen: Den Alten geht es insgesamt besser als dem Durchschnitt der Gesamtbevölkerung. Junge Eltern stehen dagegen wesentlich schlechter da. Am ärmsten dran sind Alleinerziehende, hauptsächlich Frauen. Von »relativer Armut« – also einem Einkommen von weniger als 60 Prozent des gewichteten Durchschnitts – sind nur knapp acht Prozent der Alten betroffen, das sind lediglich halb so viele wie die Armutsrate in der gesamten Bevölkerung. »Wir haben kein Altersarmutsproblem in Deutschland, sondern ein Problem mit Kindern, die arm aufwachsen«, bestätigt der Wirtschaftsprofessor Axel Börsch-Supan vom Mannheimer Forschungsinstitut Ökonomie und Demographischer Wandel. »All diese Mittelwerte, das ist klar, verdecken, dass es eine große Spannweite gibt und bei weitem nicht jeder Rentner vermögend ist«, betont zwar DIW-Experte Grabka. Trotzdem beweisen die Zahlen, dass die alte Generation insgesamt einen enormen Wohlstand angehäuft hat.[141]

Klar: Wir sind die Erbengeneration. Der Reichtum der Älteren soll irgendwann einmal zu uns wandern. Aber erstens ist das Erbe höchst ungleich verteilt. Die meisten von uns erben wenig bis gar nichts. Zweitens, so warnt das Deutsche Institut für Altersvorsorge, hinterlassen die heutigen Alten ihren Kindern nicht mehr so viel wie früher. Soziologen erklären, die »Verzehrrate« habe sich erhöht: Die heutigen Ruhständler lassen es sich gutgehen und verbrauchen ihre Rücklagen für Reisen und Hobbys.

Die Ansprüche sind gestiegen. Weil die Menschen länger Rente beziehen und mehr ausgeben, sind die Ersparnisse schneller konsumiert. Drittens tritt die nachfolgende Generation das Erbe später an als in früheren Zeiten: Heute sterben die Menschen mit 80 oder 90 Jahren; ihre Kinder sind dann mindestens 50 bis 60 Jahre alt – ein Vererben an die »junge« Generation ist das schlechterdings nicht. Daher werden die Alten den Umgang mit ihrem Vermögen neu überdenken müssen. Nicht alle vermögenden Alten werden einen fairen Obolus an ihre Enkel oder gemeinnützige Stiftungen überweisen.

Mein Vorschlag: Der Staat erhebt einen »Zukunftssoli« auf sehr große Privatvermögen von über einer halben Million Euro bei zusätzlicher Freistellung des selbstgenutzten Eigenheims. Die Einnahmen fließen in Kinderbetreuung, Schulen und Hochschulen. Laut Berechnungen des Deutschen Instituts für Wirtschaftsforschung könnte eine solche Steuer rund 25 Milliarden Euro einbringen.[142] Zusätzlich sollte die Erbschaftssteuer für private Vermögen angehoben werden: Schließlich haben die Erben dafür nicht gearbeitet und verdanken den Reichtum nur der Gnade ihrer Geburt. Die Gesellschaft kann das Geld gut gebrauchen: für kostenfreie und qualifizierte Kinderbetreuung und Bildung. Diese Investition in die junge Generation lohnt sich – für alle.

Wir brauchen: uns selbst

Wir Jungen brauchen aber vor allem: uns selbst. Die Alten werden es nicht richten, wenn wir nicht laut, bunt und radikal von uns hören lassen. Zu lange haben sich die Jungen in Deutschland als Einzelkämpfer gesehen und die Gesellschaft als politisch nicht gestaltbar begriffen. Aber immer mehr begreifen, dass sie in einem Spiel mit unfairen Regeln am Ende nur verlieren können, selbst wenn sie noch so gut spielen. Mit zivilgesellschaftlichen Projekten allein lässt sich der Scherbenhaufen einer falschen Politik und eines ungerechten Wirtschaftssystems nicht kitten. Die Bedrohung der Freiheit durch Internetüberwachung und Datenkraken, der Leidensdruck an den Hochschulen, die soziale Spaltung und Prekarisierung, die Beraubung subkultureller Freiräume und Verknappung bezahlbarer Wohnungen und nicht zuletzt der Beinahe-Systemkollaps durch die Bankenkrise haben unsere Generation repolitisiert. »Es gibt neuen Zündstoff«, sagt der Soziologe Klaus Hurrelmann. »Die Jugend wird wieder politischer.«[143]

Die Shell-Jugendstudie registriert einen kontinuierlichen Anstieg des politischen Interesses: von einem Tief von 30 Prozent im Jahr 2002 auf 37 Prozent im Jahr 2010. Bei den 12- bis 14-Jährigen hat sich das politische Interesse nahezu verdoppelt, bei den 15- bis 17-Jährigen stieg es ebenfalls überproportional an.[144] Die Schüler werden zur tragenden Kraft der Jugendbewegung.

Ein Wir-Gefühl kehrt zurück. Solidarität, Zusammenhalt und gegenseitiges Vertrauen werden wichtiger als die egoistische Spaßkultur. Die Generation Praktikum wacht aus ihrem Traum von der Multioptionsgesellschaft auf. Der nüchterne Pragmatismus, einfach das Beste aus dem Schlechten zu machen, weicht einer wachsenden Bereitschaft zur Veränderung. Das Bedürfnis nach Solidarität und Gerechtigkeit wächst gerade in einer Gesellschaft, in der wir spüren, dass Leistung nicht immer honoriert wird, Manager aber trotz fataler Misswirtschaft Millionenabfindungen erhalten.

Bei der Masse regt sich indes noch wenig: Wer nicht darum kämpft, seine Miete finanzieren zu können, wird vom Konsumkapitalismus eingelullt und ruhiggestellt, so scheint es. Wer jeden Tag hart und lang arbeiten muss, um durchs Leben zu kommen, lässt sich am Abend wohl eher auf den Fernseher ein als auf ein politisches Meeting; und wer sich über kurzfristiges Konsumglück Befriedigung verschaffen kann, braucht keine Befreiung. Aber viele sind aufgewacht.

»Man muss den Hintergrund verstehen, aus dem sich soziale Konflikte entzünden«, sagt der Soziologe Ulrich Beck. »Der Kapitalismus steckt in einer tiefen Legitimationskrise. Die Bürger sehen den Widerspruch sehr klar: Einerseits ein neuer Staatssozialismus für Reiche, bei dem Bankinstitute mit unvorstellbaren Summen gestützt wurden, mit der Begründung, sie seien systemrelevant. Andererseits erleben wir einen Neoliberalismus für Arme, der den Beschäftigten immer neue Lasten auferlegt.« Gerade weil die Hoffnung auf eine Renaissance demokratischer Politik wider die Hegemonie des globalen Kapitals enttäuscht wurde, erwartet Beck eine Zuspitzung sozialer Konflikte: »Die Staaten haben sich in eine Finanzklemme manövriert, weil die Kosten der Krise in staatliche Schulden umgemünzt wurden. Nun ruft die Kanzlerin eine Bildungsrepublik aus, die sie aber nicht verwirklich kann, weil ihr das Geld fehlt. Das führt unter den Studenten bereits zu heftigen Unruhen. Doch nicht nur an den Universitäten werden sich Konflikte entzünden. Wer das alarmistisch findet, übersieht, dass die Legitimationskrise des jetzigen Systems weit in alle Gesellschaftsteile hineinreicht. Vom Katholizismus bis zu den Linken gibt es mittlerweile Konsens, dass der Kapitalismus zwar eine produktive, aber zugleich menschenverachtende Dimension angenommen hat. Es besteht weithin Konsens, dass eine tief greifende Korrektur notwendig ist. In einem solchen Klima können kleine Konflikte eine große Bedeutung erlangen.«[145]

Junge Leute fordern sozialmoralische Regeln ein, die für alle verbindlich sind und an die sich alle halten. Eine funktionierende gesellschaftliche Moral ist für sie auch eine Voraussetzung, ihr Leben eigenverantwortlich und unabhängig gestalten zu können. Obwohl die Parteien nicht hoch im Kurs stehen, sind viele Jugendliche bereit, sich politisch zu betätigen. Laut Shell-Studie glauben 70 Prozent, man musse sich gegen Missstände in Arbeitswelt und Gesellschaft zur Wehr setzen. Das Misstrauen gegenüber Banken und Managern ist gewachsen, die starke Sympathie zu Umwelt- und Menschenrechtsorganisationen ist ungebrochen. 77 Prozent würden bei einer Unterschriftenaktion mitmachen. Immerhin 44 Prozent würden an einer Demonstration teilnehmen. 39 Prozent setzen sich häufig für soziale oder gesellschaftliche Zwecke ein.[146] In einer repräsentativen Umfrage des Jugendmagazins *Neon* erklären fast zwei Drittel, dass sie Demonstrationen als Protestform gut finden. Ebenso viele erwarten soziale Unruhen, wenn die Wirtschaftskrise dauerhaft bleiben und die Arbeitslosenzahl anschwellen sollte.[147]

Skeptisch und ernüchtert reagierten die Menschen auf die Legitimationskrise des Kapitalismus. Angesichts der Dimension und der Komplexität der Krise fühlten sich die Menschen ratlos und ohnmächtig. Doch an anderen Schauplätzen ereignet sich der offene Aufstand gegen eine als falsch empfundene Politik. Die Bürgerproteste signalisieren eine wachsende Unzufriedenheit und sind Symptome des Vertrauensverlusts in das politische und wirtschaftliche System. Es wird wieder die Systemfrage gestellt.

Die neue Jugendbewegung wird bunt und heterogen sein. Sie findet nicht in großen, radikalen Massendemos vor dem Kanzleramt statt – jedenfalls nicht nur. An vielen kleinen Orten überall im Land bewegt sich etwas: seien es die Tausenden Sozialunternehmer, die die Dinge selbst in die Hand nehmen, oder die Mahnwache auf dem Protestcamp, mit der Azubis für ihre Übernahme im Ausbildungsbetrieb kämpfen, oder die Hip-Hop-Bands, bei denen Menschen mit Zuwanderungsbiografie soziale Probleme beim Namen nennen, oder die Zehntausende, die in den Parteien und NGOs für eine bessere Politik streiten. Der Aufstand der Jungen wird so vielfältig sein wie die Jugend selbst.

Das Gerede von der Null-Bock-Generation ist endgültig Quatsch von vorgestern. Der Geist der Veränderung liegt in der Luft. Die Bereitschaft zum Widerstand wächst. Wir müssen nur den Glauben an unsere eigene Gestaltungsmacht zurückgewinnen. Die Massendemonstrationen der letzten Zeit sind das Vorzeichen einer sich anbahnenden gesellschaftlichen Bewegung für Bildung, Bürgerrechte und Nachhaltigkeit. Es braut sich was zusammen.

Der nötige Aufstand der Jungen ist kein Kampf, der den Alten etwas wegnehmen will. Wir möchten schließlich selbst alt werden. Aber wir streiten für unsere Zukunft. Bildungsstreik, Anti-Atom-Demos und Internetaktivismus zeigen: Die Jugend verschafft sich Gehör. Sie kämpft nicht gegen die Alten, sondern um das Recht auf Mitsprache und das Recht auf Zukunft. Der Aufstand der Jungen hat gerade erst begonnen.

Dank

Wir Zukunftssucher widme ich meinen Regensburger Kommilitonen Memo, Uli und Johann. Sie haben während der Arbeiten an einigen damaligen Projekten immer wieder darauf bestanden, mit mir ein Bier zu trinken, und mich vor dem Burnout bewahrt.

Für dieses Buch bat ich viele Menschen um ihre Ansicht. Jacob Schrot (»Ich kann Kanzler«) gab mir Gedanken zur Zukunft von Parteien und politischer Kultur mit auf den Weg. Caroline Waldeck (BMFSFJ) verdanke ich familienpolitische Debatten bei Dinner und Wein. Ex-studiVZ-Chef Markus Berger-de Léon verriet mir Anekdoten und Insider-Infos. Kai Gehring MdB (Grüne) und Johannes Vogel MdB (FDP) diskutierten mit mir über Hochschulpolitik, Parteien und die U30-Generation. Florian Bischof war mein erster Kontakt zu den Piraten. Juli Zeh und Marie von Mallinckrodt danke ich für die Einladung zu einem spannenden Gesprächskreis in einer sinistren weißen Villa am Hamburger Stadtrand. Dennis Hoenig-Ohnsorg (Ashoka) brachte mich mit Social Entrepeneurs zusammen. Christoph Fahle (Betahaus), Ex-Obama-Wahlkämpfer Julius van de Laar und der Journalist

Tobias Moorstedt brieften mich zur Zukunft politischer Kommunikation im digitalen Zeitalter. Leonhard Dobusch (FU Berlin) gab mir Input zum Thema Netzpolitik und -aktivismus. Mit der Journalistin Kathrin Hartmann sprach ich über kritischen Konsum und mit Meredith Haaf (»Wir Alphamädchen«) über Gleichstellung und Emanzipation. Ich habe versucht, dieses Buch einigermaßen gendergerecht zu verfassen – das ist mir leider nicht an allen Stellen gelungen, ohne den Lesefluss zu beeinträchtigen. Dafür bitte ich um Nachsicht. Markus Henrik (»CopyMan«) ließ mich an seinem Sachverstand rund um die »Generation Praktikum« teilhaben. Mit Vera Warter (»Protestbuch«) tauschte ich mich über die Ausdrucksformen der neuen Jugendbewegung aus. Andreas Ehstand schilderte mir seine Eindrücke als frischer Genosse in der SPD. Sebastian Müller (Junges Freiburg) und Ivo Betke (ehemals Servicestelle Jugendbeteiligung) verdanke ich Einsichten über die kommunale Jugendpolitik. John Philipp Thurn beriet mich zum obskuren Alkoholverbot in Freiburg. Julie Rothe und Maxie Meier (Politikfabrik) erzählten mir von ihrer politischen Arbeit an Schulen. DGB-Jugendsekretär Ringo Bischoff und IG-BCE-Jugendsekretärin Katy Hübner berichteten mir aus der gewerkschaftlichen Jugendarbeit.

Und schließlich möchte ich die vielen anregenden Diskussionen mit meinen Kolleginnen und Kollegen vom tt30 und vom Gesprächskreis Junge Soziale Demokratie nicht vermissen. Ohne all diese Menschen wäre dieses Buch so nicht zustande gekommen. Danke!

Die Zukunft steht auf dem Spiel

Ein Nachwort von Gesine Schwan

Wolfgang Gründinger hat es in jungen Jahren zu beachtlicher Bekanntheit, um nicht zu sagen Berühmtheit gebracht. Nicht durch ein paar skandalträchtige Formulierungen oder symbolische Aktionen, sondern durch ein intensives und vielfältiges politisches Engagement für eine gute Zukunft. Immer geht es ihm um sachkundige zukunftsorientierte Politik. Dabei hat er auch die traditionelle »Ochsentour« einer Parteimitgliedschaft mit vielfältigen Funktionen nicht gescheut, allerdings dabei doch einige Enttäuschungen erlebt. Sie treiben ihn nicht in die Resignation, sondern in eine systematische Auswertung zugunsten neuer konstruktiver Möglichkeiten. Wolfgang Gründinger ist überhaupt bei aller scharfsinnigen Kritik unbeirrbar konstruktiv.

Wenn man seine Überlegungen und Vorschläge liest, wird einem um die Zukunft nicht bange: Energie und Fantasie der Jungen sind offenbar unerschöpflich; ebenso seine Bereitschaft, Missstände pointiert aufzuspießen und Alternativen zugleich sorgsam und argumentativ abzuwägen. In unserer skandalisierungssüchtigen und behauptungsgesättigten politischen Öffentlichkeit tut dieser argumentative Stil – die Grundlage aller demokratischen Öffentlichkeit – ausgesprochen wohl. Wolfgang Gründinger hat einen langen Atem. Schon das zeichnet ihn als seriösen Kritiker gegenwärtiger Politik aus. Er hat politische Erfahrung, und er macht es sich nicht leicht.

Im Übrigen präsentiert er Lebensgefühl und Haltung der Jungen, für die er wirbt und die er zugleich zum politischen Engagement auffordert, durchaus in ihrer Widersprüchlichkeit. Seine Analyse verknüpft intelligent und mit sympathischer Offenheit quantitative Umfragen und qualitative Selbstwahrnehmung, sie wirkt nie trocken oder steril.

Die Zukunft steht auf dem Spiel, weil durchdachte und angemessen komplexe Politik sich gegen wirtschaftlichen Selbstlauf offenbar nicht mehr durchzusetzen vermag. Wie können wir dennoch wieder politisch handeln und dadurch die Zukunft gewinnen? Dass die Diskrepanz zwischen Arm und Reich immer größer wird, dass ein erheblicher Teil der Gesellschaft sich hoffnungslos abgehängt fühlt, dass rund ein Drittel der Bürger der Demokratie nicht mehr zutraut, die Probleme in den Griff zu bekommen und die Verhältnisse zum Besseren zu wenden, dass damit schleichend immer mehr der Glaube an die Demokratie verloren geht – dieser Grundbefund beunruhigt Wolfgang Gründinger, zu Recht.

Dabei sind die Bürger in ihrer Skepsis durchaus realistisch, denn die Nationalstaaten können ja in der Tat angesichts der grenzüberschreitend handelnden globalen Wirtschaft für sich allein immer weniger ausrichten. Um nachzukommen, ist wirksame Politik in den Nationalstaaten und darüber hinaus darauf angewiesen, dass sich Bürger auch grenzüberschreitend zusammentun und gemeinsam für demokratische Ziele streiten. Eben diese zentrale Voraussetzung demokratischer Politik, dass sich Bürger im Engagement vereinen, hat aber durch einen ökonomisch und entsprechend ideologisch hochgezüchteten Wettbewerb und eine daraus folgende Entsolidarisierung weitgehend seine Grundlage verloren.

Wolfgang Gründinger hat hier den Nerv des gegenwärtigen Politikdefizits getroffen: Die auch in demokratischen Gesellschaften entstandene betriebswirtschaftliche Grundmentalität, bei allem, was auch weit über die Wirtschaft hinaus ansteht, zunächst eine egozentrische Kosten-Nutzen-Rechnung anzustellen und zu fragen: »Was bringt *mir* das?«, entzieht zukunftsgerichteter Politik den Boden. Denn diese ist auf Solidarität angewiesen, welche sich möglicherweise sogar à la longue auszahlt, aber eben nicht kurzfristig überschaubar und auch nicht so auf Heller und Pfennig berechenbar ist, wie dies von einer betriebswirtschaftlichen Kosten-Nutzen-Analyse verständlicherweise erwartet wird.

Aber Gründinger folgert daraus keine Resignation, sondern die Chance wertorientierten, zugleich pragmatischen Handelns in kleinen Schritten. Und er setzt seine Hoffnung auf die Jungen, die sich trotz dieser Zeitanalyse zuungunsten der Solidarität neuerdings doch wieder zusammentun wollen. Offenbar hat die individualistisch-berechnende Zeitkultur doch nicht alle Chancen für solidarisches politisches Handeln zerstört.

Die egoistische Spaßkultur verwandelt sich in Gründingers politischen Vorschlägen in eine geistreich politische. Die Chancen, die zum Beispiel eine intelligente Nutzung des Internets bietet, überhaupt die gewaltfreie Unterminierung einer übermächtigen Verwertungslogik, die Umwelt und Menschen zerstört und die Gesellschaften teilt – sie werden von Wolfgang Gründinger plastisch, geradezu genüsslich geschildert. Wer Gründingers Buch gelesen hat, kann sich nicht mehr aufs Jammern zurückziehen, sondern muss sich selbst auf den Weg machen.

Die Parteien müssen ihrerseits Bürgerinitiativen als aufsässige Partner endlich viel ernster nehmen, als sie dies bisher tun. Nur so gewinnen sie wieder Anschluss an das politische Engagement und das Lebensgefühl der Jugend, nur so erweitern sie die repräsentative Demokratie auf systemstärkende Weise um neue Akteure, Verfahren und Instrumentarien, nur so können sie auch die Jungen davon überzeugen, dass nachhaltige Politik ihrerseits Parteien und Parlamente braucht.

Wolfgang Gründinger tritt als Anwalt der Jungen auf. Es macht Freude, seinem Plädoyer zu folgen, nicht zuletzt weil er in seiner klaren Sprache und seinem authentischen überzeugenden Anliegen für alle verständlich schreibt – für Junge und Alte. Das tut auch den Alten gut. Herzlichen Glückwunsch!

Anmerkungen

1 Sanderson, W./Scherbov, S.: *Wir bleiben länger jung, als unsere Geburtstage anzeigen.* Demografische Forschung Aus Erster Hand Nr. 2/2006, S. 1 f.

2 Scherbov, S./Sanderson, W.: *Remeasuring aging.* Science 329 (2010) 5997: 1287–1288; Prettner, K./Prskawetz, A.: *Decreasing fertility, economic growth and the intergenerational wage gap.* Empirica 37 (2010) 2: 197–214

3 Leggewie, C.: *Die 89er: Portrait einer Generation.* Hamburg 1995

4 Beck, U., et al.: *Eigenes Leben: Ausflüge in die unbekannte Gesellschaft, in der wir leben.* München 1995

5 Illies, F.: *Generation Golf 2: Wir wollen nicht mehr mitlaufen.* Interview in FAZ, 13.07.2003, S. 17

6 IG Metall: *Motiviert – aber ausgegrenzt.* Berlin 2009, S. 13

7 Cohn-Bendit, D./Mohr, R.: *1968 – Die letzte Generation, die noch nichts vom Ozonloch wusste.* Berlin 1988

8 Bauer, P./Schrenk, J.: *Krise? Normal!* Neon Nr. 9/2009, S. 36–44

9 Beck, U.: *Generation des Weniger.* Spiegel Nr. 31/2006, S. 50

10 FES: *Gesellschaft im Reformprozess.* Bonn 2006

11 DIW-Wochenberichte Nr. 24/2010 und Nr. 10/2008

12 BMAS: *Lebenslagen in Deutschland. Der 3. Armuts- und Reichtumsbericht der Bundesregierung.* Berlin 2008

13 ZDF: *Zahlen und Fakten zum demografischen Wandel.* Berlin 2010, S. 25 f.

14 Bertelsmann-Stiftung: *Kluft zwischen niedrigen und mittleren Löhnen in Vollzeitjobs wächst weiter.* Pressemeldung, 9.11.2009

15 IAB: *Hartz-IV-Reform – Impuls für den Arbeitsmarkt.* Kurzbericht Nr. 19/2007

16 GEO-Umfrage: Was ist gerecht? GEO Magazin Nr. 10/2007

17 Grühn, D./Hecht, H.: *Generation Praktikum?* Berlin 2007

18 IG Metall: Motiviert – aber ausgebremst. Berlin 2009, S. 8, 14

19 Tremmel, J.: *Die fetten Jahre sind vorbei …* Die Zeit Nr. 14/2005

20 Shell: *16. Shell-Jugendstudie: Jugend trotzt der Finanz- und Wirtschaftskrise.* Presseinformation, 14.9.2010

21 Schulte-Markwort, M.: *»Leistungsbereit und diszipliniert.«* Interview, taz, 15.9.2010, S. 3

22 FR, 13.9.2010

23 Heitmeyer, W.: *»Die Gesellschaft ist vergiftet.«* Interview, Spiegel Nr. 50/2011, S. 71

24 Shell: *16. Shell-Jugendstudie: Jugend trotzt der Finanz- und Wirtschaftskrise.* Presseinformation, 14.9.2010

25 Lobo, S./Friebe, H.: *Wir nennen es Arbeit.* 2008: S. 78 f.

26 von Mittelstaedt, J.: *Werd doch endlich mal vernünftig!* Zeit Campus Nr. 6/2006, S. 28–37

27 Schrenk, J.: *Gib das Letzte.* Neon Nr. 7/2006

28 www.shell.de/home/content/deu/aboutshell/our_commitment/shell_youth_study/2006/leasure_time/

29 IG Metall: *Motiviert – aber ausgegrenzt.* Berlin 2009, S. 6

30 Grühn, D./Hecht, H.: *Generation Praktikum?* Berlin 2007: S. 12, 29

31 Kaufmann, F.-X.: *Schrumpfende Gesellschaft.* Bonn 2005

32 Institut für Demoskopie: *Einflussfaktoren auf die Geburtenrate.* Allensbach 2004

33 Beck, U.: *Generation des Weniger.* Spiegel Nr. 31/2006, S. 50

34 Institut für Demoskopie: *Einflussfaktoren auf die Geburtenrate.* Allensbach 2004, S. 7 ff.

35 BMFSFJ: *Erwartungen an einen familienfreundlichen Betrieb.* Berlin 2006

36 Institut für Demoskopie: *Zusammenfassung der wichtigsten Befunde der Studie »Einflussfaktoren auf die Geburtenrate – ein deutsch-französischer Vergleich«.* Berlin 2007, S. 4 f.

37 BMFSFJ-Pressemitteilung vom 18.5.2011

38 Moorstedt, T.: *Gated Community.* Neon Nr. 6/2009, S. 39

39 Wefin, H. *Neustart.* Die Zeit Nr. 43/2011, S. 1

40 MPICC: *Schutzlücken durch Wegfall der Vorratsdatenspeicherung?* Freiburg 2012

41 Kipping, K.: *Ausverkauf der Politik.* Berlin 2009, S. 185 f.

42 Beckedahl, M.: *»Die Freiheit des Netzes ist so bedroht wie nie zuvor«.* t3n Magazin Nr. 15 (2009)

43 http://netzpolitik.org/2007/kinderreporter-fragen-politiker-nach-dem-internet/

44 http://netzpolitik.org/2009/online-beirat-der-spd-gegen-zensurgesetz/

45 BMJ-Pressemitteilung vom 6.4.2011

46 Zit. n. Probst, M./Trotier, K.: *Lernt zu teilen! Bevor es zu spät ist.* Die Zeit, 15.3.2012, S. 54

47 Engling, D., et al.: *Die politische Dimension des Teilens.* Zeit online vom 10.12.2009

48 *Copyright-Hardliner tappt in Urheberrechts-Falle,* Handelsblatt.de vom 29.9.2011

49 www.kreditkartenzahlung.net/verbreitung-der-kreditkarte.html

50 Danaher, B./Waldfogel, J.: *Reel Piracy: The Effect of Online Film Piracy on International Box Office Sales.* University of Minnesota, 2012

51 *Studie über Kino.to-Nutzer bleibt unter Verschluss,* Zeit online vom 18.7.2011

52 PRS for Music: *Adding up the music industry for 2008.* Economic Insight 15 (2009)

53 Höffner, E.: *Geschichte und Wesen des Urheberrechts.* München 2010

54 Vgl. Tim Renner, Der große Umsonst-Irrtum, Blogeintrag vom 16.4.2012

55 Hamburger Abendblatt, 6.2.2012; taz, 1.3.2012

56 Reißmann, O.: *Ein Klick – zack, hunderte Euro weg.* Spiegel Online, 7.2.2012; Dobusch, L.: *Gefahr von Abmahnungen für Facebook-Pinnwand nimmt zu.* Netzpolitik.org, 10.4.2012

57 Vgl. z. B.: von Notz, K., Habeck, R.: *Pauschalabgabe statt Abmahnwahn.* FR, 16.4.2012

58 http://wiki.piratenpartei.de/Mitglieder

59 http://www.wahlrecht.de/news/2009/19.htm#zahlen

60 http://blog.tagesschau.de/?p=6808 (28.09.09)

61 Zeh, J.: *Augen zu und durch.* SZ Magazin Nr. 47/2011

62 http://www.youtube.com/watch?v=X_eAr6a86wE

63 Zit. n. Topcu, Özlem: Bloß nicht offline. Zeit online vom 1.10.2009

64 Jessen, J.: *Die traurigen Streber.* Die Zeit Nr. 36/2008

65 Die Zeit Nr. 9/1997, S. 65 f.

66 Zit. n. Schrenk, J.: *Studentenproteste in Frankreich.* In: Geiselberger, H. (Hg.): *Und jetzt?* Frankfurt a. M. 2007, S. 202–210

67 Rucht, D.: *Die Revolution ist nicht zu erwarten.* Interview, Die Zeit Nr. 49/2009

68 Bude, H.: *Das Altern einer Generation.* Frankfurt a. M. 1995, S. 41

69 Rucht, D.: *Die Revolution ist nicht zu erwarten.* Interview, Die Zeit Nr. 49/2009

70 Vgl. Wiedemann, Karsten: *1968 und die jüngere Generation.* Neue Gesellschaft Frankfurter Hefte Nr. 3/2008: S. 52–55, hier: 55

71 Rucht, D.: *Auch in Deutschland kommt es zu gewalttätigen Protesten.* Neon Nr. 11/2011, S. 24–26

72 BMI: *Verfassungsschutzbericht 2010.* Berlin 2011; Ramelsberger, A.: *Erkundungen in Ostdeutschland.* Aus Politik und Zeitgeschichte Nr. 42/2005, S 4–8

73 Hurrelmann, K.: *Die Jugend wird wieder politischer.* Interview, Zeit online vom 30.12.2009

74 Koch, C.: *Hart, aber unfair.* Neon Nr. 11/2011, S. 30

75 Seeliger, J.: *Schwarzer schlägt zu.* taz.de, 4.8.2010

76 Haaf, M.: *»Sexyness ist so unwichtig«*. Interview in Spiegel Online, 9.4.2008

77 Wiarda, J.-M.: *Das Ende der Politik*. Zeit Campus Nr. 4/2008, S. 25 f.

78 Bertelsmann-Stiftung: *Junge Menschen wollen sich beteiligen*. Gütersloh 2006, S. 4

79 DGB Jugend: *Politisch unruhig. Ergebnisse einer repräsentativen Studie unter jungen Deutschen im Alter von 16 bis 32 Jahren*. Berlin 2009, S. 4, 7; Stiftung für Zukunftsfragen: *Bürger verlieren Vertrauen in Politik, Politiker und Parteien*. Forschung aktuell Nr. 217 (2009)

80 Interview, Greenpeace-Magazin Nr. 5/2010, S. 53

81 Ljubic, N.: *Genosse Nachwuchs*. München 2004, S. 27

82 Bauer, P./Schrenk, J.: *Krise? Normal!* Neon Nr. 9/2009, S. 36–44

83 Zit. n. Friedrich, H., et al.: *Die Herausforderung Zukunft: Deutschland im Dialog*. Berlin 1998, S. 53

84 Merkel, W./Weßels, B.: *Der wählerische Souverän*. Frankfurter Hefte Nr. 5/2009, S. 17–19

85 INIFES: *Was ist gute Arbeit? Anforderungen an den Berufseinstieg aus Sicht der jungen Generation*. Stadtbergen 2008

86 Grüne Bundestagsfraktion: *Fair P(l)ay im Praktikum*. Berlin 2006, S. 32

87 http://www.karriere.de/startseite/fair-company-117103/

88 IG Metall: *Motiviert – aber ausgebremst*. Berlin 2009, S. 3

89 Siebenhüter, S.: *Integrationshemmnis Leiharbeit*. Studie der Otto-Brenner-Stiftung 2011

90 Zit. n. Kaiser, S., et al.: *Im Kern verrottet*. Spiegel Nr. 29/2008, S. 46 f.

91 Ebenda

92 OECD: *Bildung auf einen Blick 2011*. OECD-Indikatoren, S. 7

93 Voeth, M.: *Ergebniszusammenfassung Gebührenkompass 2008*. Hohenheim 2008, S. 1

94 http://www.bmbf.de/de/6549.php

95 BMBF: *Die wirtschaftliche und soziale Lage der Studierenden in der Bundesrepublik Deutschland 2006.* Bonn/Berlin 2007, S. 5, 12; PISA-Konsortium: *PISA 2000.* Opladen 2002, S. 166

96 Kahl, R.: *Das Konjunkturpaket, ein Flop für die Bildung.* Zeit online vom 13.05.2009

97 Laut Peter Strohschneider, Vorsitzender des Wissenschaftsrates, vgl. Zeit online vom 15.11.2009

98 Vorwärts Nr. 07–08/2008, S. 7

99 Bertelsmann-Stiftung: *Ausgaben für Nachhilfe – teurer und unfairer Ausgleich für fehlende individuelle Förderung.* Gütersloh 2010, S. 4

100 Das Parlament Nr. 43/2008

101 Interview mit Annette Schavan, in: Cicero Nr. 11/2011, S. 35

102 Hartung, M./Schmitt, C.: *Die netten Jahre sind vorbei.* Frankfurt a.M. 2010, S. 56–59

103 Ebd., S. 65

104 Roth, R.: *Wie muss Unterstützung und Förderung von ehrenamtlicher Jugendarbeit gestaltet werden?* Vortrag bei der Nextkonferenz 2.0, Hannover, 11.9.2010

105 Bender, J.: *Studenten im Punktefieber.* Zeit Campus Nr. 3/2009: S. 20–26

106 Zitiert in ebd.

107 Spiegel Online, 17.6.2009

108 Zeit online, 17.11.2009

109 Corneo, G., et al.: *Erhöht die Riester-Förderung die Sparneigung von Geringverdienern?* Berlin 2007

110 Kleinlein, A.: *Zehn Jahre »Riester-Rente« – eine ernüchternde Rentabilitätsanalyse.* WISO direkt Sept. 2011

111 Cicero Nr. 11/2011, S. 12; taz.de, 21.11.2011

112 Welzk, S.: *Die »Alterskatastrophe« und der Absturz der Renten.* Blätter Nr. 6/2006, S. 708–721

113 Schwenke, P.: *Kein-Plan-Wirtschaft.* Neon Nr. 11/2011, S. 95–107

114 Facing Finance: *Tödlicher Profit.* Berlin 2010

115 Das Schreiben ist als Scan auf meiner Homepage *www.wolfganggruendinger.de* veröffentlicht.

116 Welzk, S.: *Die »Alterskatastrophe« und der Absturz der Renten.* Blätter Nr. 6/2006, S. 708–721

117 Wippermann, P.: *Neue Männer an die Macht. Die DMAX- Männerstudie.* Hamburg 2007

118 Streeck, W./Mertens, D.: *Politik im Defizit.* Berliner Republik 4/2010, S. 14–17

119 Stiglitz, J.: *Sparen schadet.* Cicero Nr. 11/2011, S. 118 f.

120 Fricke, T./Wagner, G.: *Konjunkturprogramme für Praktiker.* Berliner Republik 6/2008, S. 6–10

121 Moorstedt, T.: *Jeffersons Erben.* Frankfurt a.M. 2008

122 Deutscher Bundestag: *Schlussbericht der Enquete-Kommission »Demographischer Wandel – Herausforderungen unserer älter werdenden Gesellschaft an den Einzelnen und die Politik«.* Berlin 2002, S. 29

123 Sinn, H.-W./Übelmesser, S.: *Wann kippt Deutschland um?* Ifo-Schnelldienst Nr. 28–29/2000, S. 20–26

124 Zit. n. Hauser, U./Reich, F.: *Störfall Kind.* Stern Nr. 29/2010, S. 66–76

125 Dausend, P.: *Rentner an der Macht.* Die Zeit Nr. 16/2008, S. 14

126 MPIDR: *Alte und Kinderlose kontra Junge und Eltern.* Pressemitteilung vom 25.11.2009

127 Welzer, H.: *»Du musst dein Leben ändern!«* Interview in: Berliner Republik Nr. 5/2010, S. 28–30

128 Kottmann, H.: *Deine Stimme zählt – nicht!* Neon Nr. 9/2010, S. 31

129 Münkler, H.: *Mißfelder und die Folgen: Wie funktionieren soziale Konflikte zwischen Jung und Alt?* Tagesspiegel vom 13.08.2003, S. 24

130 *Landtagspräsident Alois Glück kritisiert »Jugendfixierung« der Parteien,* ddp, 24.2.2005

131 Frankfurter Allgemeine Sonntagszeitung vom 11.3.2007

132 Politik & Kommunikation Nov. 2011, S. 24

133 Sueddeutsche.de vom 13.07.2009

134 Sueddeutsche.de vom 30.03.2008

135 Welt online vom 18.4.2008

136 Schrenk, J.: *Die Quadratur des Greises.* Neon Nr. 11/2011, S. 32–34

137 Schwarzer, A.: *»Alice räche uns«.* Interview in: Der Spiegel Nr. 34/2011, S. 156–160

138 Eckardt, A.-K.: *Aus.* Neon Nr. 11/2011, S. 28

139 BMFSFJ: *Dossier Armutsrisiken von Kindern und Jugendlichen.* Berlin 2008, S. 8

140 DIW: *Armutsrisiko in Deutschland steigt: Kinder und junge Erwachsene besonders betroffen.* Pressemitteilung vom 18.2.2010

141 *»Die Senioren haben mehr als die Jüngeren«,* FAZ.net vom 22.4.2008

142 DIW-Wochenbericht Nr. 30/2009

143 Hurrelmann, K.: *Die Jugend wird wieder politischer.* Interview, Zeit online vom 30.12.2009

144 Shell: *16. Shell-Jugendstudie: Jugend trotzt der Finanz- und Wirtschaftskrise.* Presseinformation, 14.9.2010

145 Beck, U.: *»Die Spaltung wird sich verschärfen«.* Interview, Zeit online vom 29.12.2009

146 Shell: *16. Shell-Jugendstudie: Jugend trotzt der Finanz- und Wirtschaftskrise.* Presseinformation, 14.9.2010

147 Neon Nr. 9/2009, S. 36–44